心理健康教育研究

汪晓阳 著

吉林文史出版社
JILIN WENSHI CHUBANSHE

图书在版编目(CIP)数据

心理健康教育研究 / 汪晓阳著. -- 长春 : 吉林文史出版社, 2023.5

ISBN 978-7-5472-9404-8

Ⅰ. ①心… Ⅱ. ①汪… Ⅲ. ①心理健康—健康教育—教学研究 Ⅳ. ①G444

中国国家版本馆 CIP 数据核字(2023)第 086960 号

心理健康教育研究

XINLI JIANKANG JIAOYU YANJIU

出版人　张　强
作　　者　汪晓阳
责任编辑　柳永哲
装帧设计　钟晓图
印　　刷　三河市嵩川印刷有限公司
开　　本　710 mm×1000 mm　1/16
印　　张　12.5
字　　数　200 千字
版　　次　2023 年 5 月第 1 版
印　　次　2024 年 1 月第 1 次印刷

出版发行　吉林文史出版社
地　　址　长春市净月开发区福祉大路 5788 号
网　　址　www.jlws.com.cn
书　　号　ISBN 978-7-5472-9404-8

定　　价　58.00 元

目　录

第一章　高职生心理健康概论

高职生正处于迅速走向成熟而又未真正成熟的阶段，这是一个充满矛盾与危机的时期。种种心理矛盾解决得好会转变为心理发展的动力；如果解决得不好，长期处于矛盾冲突中，就会破坏心理平衡从而引发心理问题。因此，树立健康科学的心理健康观念，提升心理健康水平便成为每一个当代高职生成长中的重要内容。

第一节　心理健康的概念

对于健康内涵的认识，随着社会的发展以及人类自身认识的深化，正在发生着极大的变化，那种认为只要身体没有疾病、生理机能正常就等于健康的观念正在被一种“立体健康观”所替代，即健康应从心理尺度、医学尺度和社会尺度来评价，健康的概念已从传统的生物医学模式走向生物——心理——社会模式。

一、健康的内涵

1946 年，联合国世界卫生组织（WHO）在《世界卫生组织宣言》中开宗明义地指出：“健康不仅是没有疾病和虚弱现象，而是身体健康、心理健康和社会适应良好的完美状态”，并提出了健康的十条标准，除了“能够抵抗一般性的感冒和传染病”“反应敏锐，眼睛明亮，眼睑不发炎”等七条身体健康标准外，还纳入了“态度积极，乐于承担责任，不论事情大小都不挑剔”等三条心理健康标准，身体健康和心理健康二者相互影响，相辅相成，缺一不可。

1989 年 WHO 又将健康的概念补充为：“健康不仅是没有疾病，而且包括躯体健康、心理健康、社会适应良好和道德健康。”可见，人们对健康的理解越来越深刻、科学，心理健康越来越受到人们的高度关注。这一解释是目前最常见、最具权威性的定义。

从对健康这一概念的解读中可以看出,为了实现完满康宁的健康状态不仅要讲究生理卫生,还要讲究心理卫生,那么,准确地认识心理健康的内涵和标准,有意识地规划、调整自己的心理发展,主动改善心理健康状态,就成了健康心理学研究的首要问题。当前,精神生活的深度不安折磨着现代社会中人尤其是青年学生,社会竞争的压力日趋增大,学习、生活、人际交往、自我意识和升学就业等问题日益增多。

二、心理健康

心理健康是一个相对的概念,它不像人的身体,健康与不健康有诸如脉搏、体温等明显的生理指标,所以要区别心理是否健康并不那么容易。心理健康的参照系是相对心理健康的理想状态,是以无心理疾病为准的;而"正常"这一概念不论对于整体还是个体都是有阶段性的,因为一个人随时都可能产生心境不良,所以个体的心理健康也不是一条直线。这里的"正常"是用于评价阶段行为的,不是用来描述某一阶段行为的。要区分心理正常与异常,尚无一个适用于任何人的任何情境的心理健康标准,因为人的心理世界是复杂多样的,即使一个健康的人,也可以有突发性、暂时性的心理异常。

(一)心理健康的含义

1948 年,第三届国际心理卫生大会认为:"所谓心理健康,是指在身体、智能以及情感上,在与他人的心理健康不相矛盾的范围内,将个人心境发展成最佳的状态。"

精神医学者孟尼格尔(K. Menninger)认为:"心理健康是指人们对于环境及相互间具有高效率及快乐的适应情况,不只是要有效率,也不只是要能有满足感,或是能愉快地接受生活的规范,而是需要三者俱备,心理健康的人应能保持平静的情绪、敏锐的智能、适于社会环境的行为和愉快的气质。"

心理学家英格里斯(H. B. English)给心理健康的定义是:"心理健康是指一种持续的心理情况,当事者在那种情况下能进行良好的适应,具有生命力,并能充分发展其身心的潜能。”

心理卫生学者阿可夫(A. Arkoff)认为心理健康是指具备:“有价值心质”的人,即:①有幸福感;②和谐(指在情绪平衡,以及欲望与环境之间协调);③自尊感(包含自我了解,自我认同,自我接纳与自我评价);④个人成长(潜能充分发展);⑤个人成熟(个人发展达到该年龄应有的行为);⑥个人统整性(能有效发挥其理智判断力及意识控制力,积极主动,能应变);⑦保持与环境的良好接触;⑧从环境中自我独立(独立自主,自由而自律);⑨有效适应环境。

我国心理学家郭念峰等人认为:“所谓心理健康,最概括、最一般地说,是指人的心理,即知、情、意活动的内在关系协调,心理的内容与客观世界保持统一,并据此能促使人体内、外环境平衡和促使个体与社会环境相适应的状态,并由此不断地发展健全的人格,提高生活质量,保持旺盛的精力和愉快的情绪。”

由上可见,学者们在论及心理健康的定义时,都在强调个体内部的和谐性以及个体与环境的适应性。就个体内部的和谐性而言,一方面,强调个体的自我感受,即个体心理体验应是愉快的、幸福的;另一方面,强调个体的潜能,即个体行为的高效率和内在潜能的发挥。就个体与环境的适应性而言,强调个体与环境相互作用的协调性及个体在环境中的良好适应状态。综合各家学说,心理健康标示着人的心理调适能力和发展水平,即人在内部和外部环境变化时,能持久地保持正常的心理状态,是诸多心理因素在良好的心理功能状态下协调运作的综合体现。

所以,我们认为:心理健康,主要是指人心理上一种持续、积极、有效率的状态。在这种状态下生活的人,心情舒畅,感受到生命的价值,与他人、环境和社会协调一致,能充分发挥自己的身心潜能。

(二)身体健康与心理健康的关系

身体健康是心理健康的基础和载体,心理健康又是身体健康的条件和保证。一个健康的人既要有健康的身体,又要有健康的心理,好比“人”字的一撇一捺,二者缺一不可。健康是心身健康的和谐统一,而健康的核心是心理健康。现代医学越来越证明,拥有一个健康的心理,对一个人的一生有着十分重要的意义。

世界卫生组织提出身心健康的八大标准:

快食:吃饭不挑食、不偏食,津津有味

快眠:较快入睡,睡眠质量好,精神饱满

快便:快速通畅地排泄,感觉轻松自如

快语:说话流利,头脑清醒,思维敏捷

快行:行动自如协调,迈步轻松有力,动作流畅

良好的个性:性格温和、情感丰富、坦荡胸怀、达观意志

良好的处事能力:自我控制、适应、心理复原力

良好的人际关系:与人相处自然融洽,大度和善

三、高职生心理健康

心理健康是一个动态发展变化的过程,在人生发展的每一个阶段,都会存在心理健康与不健康的问题。当代高职生是一个承载社会、家长包括亲戚朋友高期望值的特殊的知识群体。高职阶段是人生的第二个“心理断乳期”,是一个非常关注自我、注重个性表达、情感体验丰富、情绪波动起伏、易于争强好胜的关键时期。高职生心理健康就是指正在接受高等教育的特殊群体的心理健康。对于正在成长发展中的高职生而言,身体健康固然重要,但心理健康更有着其突出的地位。“心理健康是健康的一半”的理念正在被越来越多的人所接受,拥有一个积极、自信、乐观、平和的心态,能够促进身心健康的发展,能够促进个人潜能的开发,能够赢取人生的成功。

(一)高职生心理发展的特点

1. 心理发展的过渡性

从心理的发展水平看,大多数高职生的心理正处于迅速走向成熟又没有完全成熟的时期:从心理的发展过程看,认知的核心要素——思维,已由经验型向理论型转化,情感也从激情体验、易感状态,逐步升华、过渡到富有热情、充满青春活力、社会道德感和社会责任感增强;在意志行动上则从容易冲动发展到具有一定的自控力,形成了相对稳定的行为习惯;从个性心理特点看,性格、能力等都达到相对稳

定和渐臻成熟的水平;理想、信念、价值观、世界观等,经过高职生阶段也逐渐接近成人的发展水平。

2. 心理发展的可塑性

青年期是人生各种心理品质全面发展、急剧变化的时期,在这一时期高职生心理发展存在着不稳定、可塑性大的特点,如在认知方面容易偏执;在情绪方面容易走极端;在意志方面有时执拗;在个性方面,虽然许多个性品质已基本形成,但却容易受外界或生活情境的影响。高职生心理发展的可塑性源于内外两种原因:一是外因;面对生活中的各种纷纷扰扰,如果不求变,则凡事难通,那些偏执、极端、执拗等则使其"行路"艰难得很;二是内因,高职生是最追求真善美的一族人群,他们对人生、对世界都抱着唯美心理,这使得他们愿意去完善自我,完美自身。

3. 心理发展的矛盾性

当代高职生由于在学校受教育期长,从校门到校门,几乎没有社会生活经验;心理社会化成熟度滞后于生理成熟度,经济上不独立,受传统价值权威衰落及现代多元价值的影响等,使高职生心理发展既存在积极面,又存在消极面,这势必导致矛盾和冲突。

4. 心理发展的差异性

高职生心理发展的差异性主要表现在不同年级的高职生心理发展特点的不同。

(1)入学适应阶段(适应期)

新生从高考成功的喜悦中走进高职,面对的是从中学生活到高职生活的一系列急剧的转变:生活环境变了,生活条件变了,人际关系变了,学习的方式、方法变了……这些变化,使他们很恐慌,一时适应不过来。这一时期(一般是高职一年级)突出的问题主要是如何适应高职生活,建立起新的人际关系。入学适应阶段是整个高职阶段最困难的时期。适应不好,会影响到整个高职时期的学习和生活。适应期的长短因人而异,适应能力强的人,所需时间少一些。一般来讲,大约要一个学期左右。

(2)稳定发展阶段(发展期)

这是高职生活全面发展和深化的阶段。高职生基本适应了高职生活,新的心理平衡已初步建立起来,高职生活进入相对稳定的时期,这是高职生成长、成才的关键时期。这一时期时间较长,一般要到高职毕业前夕。在这一阶段中,高职生会遇到许多新问题、新情况,需要做出抉择和回答;高职生极强的心理可塑性得到充分的诠释,每个人都按自身独特的方式塑造着自己。这一阶段突出的心理问题是:恋爱与性心理健康,成才道路的选择与理想的树立,学习目标的实现与学习态度,学习方法的掌握以及形成优良的学习心理结构。

(3)准备就业阶段(成熟期)

高职生经过四年的生活和学习,世界观、人生观逐步形成,心理渐臻成熟。这一时期是高职生从学生生活向职业生活过渡的时期,他们又将面临新的心理挑战,如是继续深造还是就业?是留在国内学习还是出国深造?择业就业中双向选择的压力等,又使高职生的心理掀起波澜。高职生在此阶段必须开始做走向社会的心理准备。进一步深入了解社会,把握好自己在生活中的位置,是所有高职生面临的任务。这一阶段是对高职生各方面素质进行综合考验的阶段,同时又是进一步促进高职生心理成熟的阶段,此时期高职生的主要心理特点是:紧迫感、责任感和忧虑。

(二)高职生心理健康的特征

根据20世纪80年代以来对许多高职生所做的调查和测试,我国高职生心理健康的状况有下述一些特征。

1.高职生心理健康水平符合正态分布的规律,多数人是健康的

心理健康与不健康之间并不是非此即彼的对立状态,从心理健康到心理不健康是一个连续状态,呈正态分布,每个状态间没有绝对的界限。

心理健康水平是动态发展的。在人生的不同阶段,一个心理健康的人可能因为内外环境的变化向反方向发展,而一个心理不健康的人也可能通过自身的努力和外界的帮助成为一个心理健康的人。在特定环境下,健康的人可能会表现出不

健康的情绪和行为,不健康的人也有可能表现出健康的情绪和行为。所以,大多数的人都是不断地在两级状态间波动。因此,重要的是能及时意识到自己的不健康状态,并能主动调整和转变。

2. 高职生心理健康的主要问题是成长和发展中的矛盾

高职时期是个人成长过程中又一次面临新的心理矛盾发生、转化而趋向成熟的时期。这个时期产生的心理矛盾,有环境适应问题,有学习问题,有人际关系问题,有自我观念问题,有恋爱和性的问题,还有进一步升学和就业的问题,这些问题是每一届高职生都会面临的。

(1)自豪感与自卑感的矛盾

在高考激烈竞争中有幸跨入高职校门的"天之骄子",往往会在一片赞扬声与羡慕的目光下,油然而生一种优越感、自豪感和出类拔萃感。但在群英荟萃、强手如林的高职环境中,往日优势已不复存在,强大压力给不少青年学子稚嫩的心灵以沉重的思想包袱和心理负担。因此,学习生活中遇到一点儿小小的挫折他们就容易产生自卑心理,甚至悲观、消极、"破罐子破摔",特别是由于家庭贫困而引起的自卑,会导致学生在人际交往中表现出沉默寡言、孤僻和不合群的特点,从而影响心理健康。

(2)新鲜感与恋旧感的矛盾

面对优美的校园、现代化的设施、高水平的老师、新交往的朋友,高职新生对周围的一切都有说不出的新鲜感。但随着岁月的流逝,新鲜感慢慢消失。紧张的学习、激烈的竞争、单调的生活会使一些学生产生强烈的恋旧心情,眷恋父母、思乡心切、情绪低落,怀念过去的生活,想念老师和同学,甚至常常沉溺于绵延的思念和回忆之中,而致思绪万千、寝食难安,从而导致抑郁心理。

(3)独立感与依赖感的矛盾

告别了中学时代,摆脱了父母的监督和老师的约束,进入了较为自由和开放的环境,高职新生的独立意识增强,处处想显示个人的主张。但由于缺乏社会经验,经济上依赖于家长,所以长期形成的依赖感难以摆脱,面对复杂的环境,常常心中无数、束手无策。

(4)轻松感与被动感的矛盾

在多年高考重压下苦熬出来的学生进入高职之后,卸下了沉重的包袱,有一种说不出的轻松感,思想上也就容易产生松劲情绪。但思想上的松动会导致学习上的被动,加上高职的学习从内容、方法到要求都与以往的教育大不相同,因而常使一些学生陷入一种消极、被动、迷惘、无奈的状态。

(5)交友感与孤独感的矛盾

在陌生的环境中寻找良师益友,被人理解和接纳是大多数新生的强烈需要。但由于交往的机会较少,又缺乏主动性,加之青年期的心理闭锁等特点,有时往往难以如愿,加之不少同学远离故乡、倍感孤单,同学之间不易吐露真情、交换思想,自然会产生一种郁闷孤独的感觉和难以排解的内心冲突。他们不敢主动与别人交往,或者在交往中感到紧张,或担心别人看出自己的紧张,因此在交往或交流过程中显得不自然、不协调。人际关系紧张或不协调是高职生最常见的心理困扰。

(6)理想我与现实我的矛盾

"理想我"是将来要实现的我,是现实我的努力方向;"现实我"是生活中现存的我,是理想我的发展基础,两者是不同的。当两种形象混淆时,便会产生矛盾。一般来讲,高职生的理想我与现实我之间一致性系数很低,因为高职生的理想比较高远。这一方面是由于社会对他们的期望值很高,另一方面与他们自己优越的地位有关,往往容易使自我认识理想化或非客观化。当周围的人对自己的评价不如自己想象的那么高时,就容易产生矛盾,使高职生对自我认识摇摆不定、把握不准,当实现理想我的过程中遇到困难、挫折、障碍时,特别是面对与日俱增的竞争压力、学习压力、经济压力、就业压力、情感压力等,高职生往往会产生苦闷、焦虑、抑郁甚至绝望等消极的自我体验。

处于转变阶段的高职生出现以上心理矛盾和冲突是过渡时期具有的正常现象,在这些矛盾中同时也蕴藏着"转机":对高职生活抱有的不切实际的幻想消失了,正视现实,勇于探索,调整情绪,重振精神,使得高职生顺利步入新的发展阶段。但是,若这些矛盾和冲突过于激烈和持久,就容易导致压抑感,甚至出现心理障碍,影响学生的健康发展。

第二节　高职生心理健康的标准

一、心理健康的标准

心理健康标准问题,是个一直受到人们关注的问题,许多专家对此都有过研究和论述。

1946 年第三届国际心理卫生大会提出的心理健康的标准是:①身体、智力以及情感十分调和;②适应环境;③有幸福感;④在工作中能发挥自己的能力,过着有效率的生活。

人本主义心理学家马斯洛(A. H. Maslow)提出了心理健康的十条标准:①有充分的自我安全感;②能充分了解自己,并能恰当地评价自己的能力;③能与周围环境保持良好的接触;④生活的理想切合实际;⑤能保持自身人格的完整与和谐;⑥善于从经验中学习;⑦能保持适当和良好的人际关系;⑧能适度地表达和控制自己的情绪;⑨能在不违背团体要求的前提下,有限度地发挥个性;⑩能在不违背社会规范的前提下,适度满足个人的基本需求。

王沂钊历经多年的研究,认识到唯有健康的心理,才会有健康的生活习惯与健康的身体,才能在社会上保持较高的效能,而提出以下六项衡量个人心理是否健康的准则:①要有工作而且乐于工作(这是人性最高的心理需求和快乐的来源);②要有朋友而且乐于与他人交往(透过与人分享心情,体会爱的幸福感,能够稳定情绪);③要适当地了解自己并且悦纳自己;④能客观地评估他人与认可他人;⑤能与现实环境维持良好的接触;⑥经常保持满意的心情。

黄坚厚在 1982 年提出了衡量心理健康的四条标准:①乐于工作,能在工作中发挥智慧和能力,以获取成就和满足;②乐于与人交往,能和他人建立良好的关系,与人相处时正面态度多于反面态度;③对自己有适当的了解和悦纳的态度;④能与环境保持良好的接触,并能运用有效的方法解决所遇到的问题。

以上关于心理健康的概念与标准的理解,角度有所不同,但基本理念是一致的。其实,心理健康是一个相对概念,从不健康到健康只是程度不同而已,正常与异常是相对的,不像生理健康那样具有精确的、易于度量的指标。因此,心理健康与否是一个动态的过程,不是固定不变的。我国学者认为心理健康的一般标准可以包括以下几个方面。

第一,智力正常。智力是人的一切心理活动的最基本的心理前提,心理健康的人能在工作中保持好奇心、求知欲,并能充分发挥自己的智慧学习知识,掌握技能,解决问题,获得成就。

第二,了解自我、接纳自我,能体验自我存在的价值。能对自己的优缺点作恰当的评价,不苛求自己,生活的目标和理想切合实际,对自己基本感到满意,很少自责、自怨、自卑、自我否定,心理相对平衡。

第三,能协调、控制情绪,心境良好。心理健康的人,愉快、乐观、开朗、满意等情绪状态总是占优势的,虽然也免不了因挫折和不幸产生悲、忧、愁、怒等消极情绪体验,但不会长期处于消极情绪状态中,善于适度地表达、调节和控制自己的情绪,在社会交往中,既不妄自尊大也不退缩畏惧,争取在社会规范允许的范围内满足自己的各种需求,心境积极乐观。

第四,能与他人建立和谐的人际关系。乐意与人交往,与人为善,对他人充满理解、同情、尊重、关心和帮助,有良好而稳定的人际关系,并能在其中分享快乐,分担痛苦,社会支持系统强而有力。

第五,独立、自主、有责任心。对周围的人与事均有独立自主的见解,不盲从,热爱并专注于自己的工作、学习、事业,有强烈的责任心,并能在负责的工作中体验生活的充实和自己存在的价值。

第六,有良好的环境适应能力。能正确地认识环境和处理个人与环境的关系,能保持与环境的良好接触,善于将自己融入不同的环境中,使自己的心理需要与社会协调统一,从而最大限度地满足自己的需要,实现自己的人生理想。

二、高职生心理健康的标准

作为高职生群体,一方面,从高中升入高职,环境与要求发生了重大变化,需要与之相适应的心理机能;另一方面,需要面对、解决由于自身成长所带来的心理矛盾以适应环境,所以高职生的心理健康标准应是适应与发展的结合体。根据我国高职生的实际情况,我们认为高职生心理健康的标准可概括为如下八条。

1. 智力正常

智力正常是人的一切活动(学习、生活与工作)的最基本的心理条件,也是适应周围环境变化所必需的心理保证。

正常人的IQ在90~109之间,110~119是中上水平;120~139是优秀水平;140以上是非常优秀水平;而80~89是中下水平;70~79是临界状态水平;69以下是智力缺陷。衡量高职生的智力是否正常,关键在于其是否正常地、充分地发挥了自我效能:即有强烈的求知欲,乐于学习,能够积极参与学习活动。

2. 情绪健康

其标志是情绪稳定、心境良好。心理健康的人,愉快、乐观、开朗、满意等情绪状态总是占优势的,虽然也免不了因挫折和不幸产生悲、忧、愁、怒等消极情绪体验,但不会长期处于消极情绪状态中,善于适度地表达、调节和控制自己的情绪,既能克制又能合理宣泄自己的情绪,情绪的表达既符合社会的要求又符合自身的需要,在不同的时间和场合有恰如其分的情绪表达;情绪反应与环境相适应。反应的强度与引起这种情境相符合。

3. 勤奋好学,求知欲强

学习是高职生活动的主要内容,表现为:珍惜学习机会,求知欲望强烈,能不断克服学习中的困难,学习效率高,成绩稳定,善于从学习中体验满足与快乐,并通过知识学习和人生思考延展阅历空间、蕴蓄文化积淀、丰富精神世界。

4. 人格完整

人格是个体比较稳定的心理特征的总和。人格完善就是指有健全统一的人格,个人的所想、所说、所做都是协调一致的。人格完善包括人格结构的各要素完整统一;具有正确的自我意识,不产生自我同一性混乱,以积极进取的人生观作为人格的核心,并以此为中心把自己的需要、目标和行动统一起来。

5. 正确的自我评价

正确的自我评价是高职生心理健康的重要条件,高职生在进行自我观察、自我认定、自我判断和自我评价时,能做到了解自我、接纳自我,能体验自我存在的价值。能对自己的优缺点作恰当的评价,不苛求自己,自尊、自强、自制、自爱适度,正视现实,积极进取。生活的目标和理想切合实际,对自己基本感到满意,心理相对平衡。

6. 人际关系和谐,乐于交往

良好而深厚的人际关系,是事业成功与生活幸福的前提。其表现为:乐于与人交往,既有广泛而深厚的人际关系,又有知心朋友;在交往中保持独立而完整的人格,有自知之明,不卑不亢;能客观评价别人和自己,善取人之长补己之短,宽以待人,乐于助人,积极的交往态度多于消极态度,交往动机端正。

7. 社会适应正常

个体应与客观环境保持良好秩序。既要进行客观观察以取得正确认识,以有效的办法应对环境中的各种困难,不退缩,还要根据环境的特点和自我意识的情况努力进行协调,或改善环境适应个体需要,改造自我适应环境。

8. 心理行为符合年龄特征

人的一生包括不同年龄阶段,每一年龄阶段其心理发展都表现出相应的质的特征,称为心理年龄特征。一个人心理行为的发展,总是随着年龄的增长而发展变化的。如果一个人的认识、情感和言语举止等心理行为表现基本符合他的年龄特征,是心理健康的表现;如果严重偏离相应的年龄特征,发展严重滞后或超前,则是行为异常、心理不健康的表现。高职生与其年龄段不相符合的过分老成、过分幼稚和过于依赖与过于闭锁,都是心理不健康的具体表现。

值得注意的是,心理健康的标准是相对的。我们在理解和运用心理健康的标准时,应注意以下几点。

第一,人的心理健康水平可以分为不同的等级,是一个从健康到不健康的连续状态,从健康状态到不健康的状态之间有一个较长的过渡阶段。一般来说,心理正常与异常并无确定的界线，只是程度的差异而已。

第二，心理健康状态并非固定不变的，而是一个动态的变化过程。既可能从不健康转变到健康，也可能从健康转变为不健康。随着人的成长，经验的积累，环境的改变，心理健康状况也会有所变化。因此，心理健康与否只能反映一个人某一段时间内的固定状态，并不是他一生的状态。

第三，心理健康的标准无论是哪种表述，都是一种理想的尺度。它不仅为我们提供了衡量是否健康的标准，而且为我们指明了提高心理健康水平的努力方向。

第四，个体心理健康的基本标准是能够有效地进行工作、学习和生活。如果正常的工作、学习和生活难以维持和保证，就应该引起注意，及时调整自己。

第三节　高职生常见的心理问题

高职生中出现心理异常的学生极少，多数学生遇到的都是心理困扰与心理不健康问题。

一、高职生常见的心理问题

（一）生活适应问题

这一问题在刚入高职的新生中较为常见。新生来到高职后，在自我认知、同学交往、自然环境等方面都面临着全面的调整适应。由于目前高职生的自理能力、适应能力和调整能力普遍较弱，所以，在高职生中，生活适应问题广泛存在。主要表现为过分想家，生活不能自我打理，不能合理安排课余时间等，严重的可能出现适应障碍。

（二）学习问题

在高职生心理问题的调查中发现，学习上的困难与挫折对高职生的影响是最为显著的，不少学生因学习问题而产生烦恼。调查发现，多数学生能认识到学习是维护和增进自身心理健康的基本条件，是实现其个人价值的主要途径。而且，对大多数高职生而言,学习仍是作为一项繁重的任务来完成的。因此,当对自己期望过高或与实际能力不符时,往往容易产生烦恼、抑郁和自卑情绪。学习问题,高职生的学习问题主要包括学习方法不恰当、学习态度不端正、学习兴趣不高、考试容易焦虑等。

(三)人际关系问题

进入高职后,由于每个人待人接物的态度不同、个性特征不同,再加上以自我为中心等,往往使高职生在人际交往过程中不可避免地遇到各种困难,从而产生各种心理问题,主要表现为难以和别人愉快相处,没有知心朋友,缺乏必要的交往技巧,过分委曲求全,以及由此而引起的孤独、苦闷、缺少支持和关爱的痛苦感受等。

(四)恋爱与性心理问题

高职生基本处于青年中期,性发育成熟是重要特征,恋爱与性问题是不可回避的。总的来说,高职生接受青春期教育不够,对性发育成熟缺乏心理准备,对异性的神秘感、恐惧感和渴望交织在一起,由此产生了各种心理问题。与恋爱有关的心理问题常见的有:单相思、失恋、恋爱导致的学业不良、情感破裂的报复心理等。

(五)求职与择业心理问题

求职与择业心理问题是高年级高职生常见心理问题。在跨入社会前,他们往往感到很多的困惑和担忧。该如何选择自己的职业,如何规划自己的生涯,求职需要些什么样的技巧等问题,都会或多或少地给他们带来困扰和忧虑。

二、高职生常见的心理异常

(一)行为及人格偏离

这类心理、行为障碍问题,主要包括行为偏离、人格病态、性行为变态等。这类异常问题有的是固定的、持续的,有的则是动态的、暂时的。一般来说,有这种障碍的人智力是正常的,意识是清醒的,没有精神失常症状。矫治这类障碍,必须正确运用心理与行为的有关理论和方法才能切实奏效。

1. 行为偏离

这类问题多发生在青少年身上，是指在没有智力迟滞和精神失常症状的情况下而与其所处的社会情景及公众评价相违背，在行为上显著地异于常态，且妨碍青少年对正常社会生活的适应。它主要包括饮食方面的怪癖行为、吸毒行为、药物依赖行为、盗窃行为、暴力行为、逃学行为等。

2. 人格障碍

人格障碍指明显偏离正常人格并与他人和社会相悖的一种持久和牢固的适应不良的情绪和行为反应方式。人格障碍患者形成了特有的行为模式，对环境适应不良，常影响其社会功能，甚至与社会发生冲突，给自己或社会造成恶果。人格障碍常开始于幼儿童期，定型于青年期，持续至成年期或者终生。高职生中常见的人格障碍有偏执型人格、强迫型人格、分裂型人格、冲动型人格等。

3. 性心理障碍

性心理障碍也称性行为变态，是指与生殖活动没有直接关系，在寻求性满足的对象和方式上与常人不同，且违反社会习俗。常见的性行为变态有性欲倒错，比如，恋物癖、裸露癖、窥视癖、异装癖、施虐癖等。还有一种性心理障碍叫性别认同障碍，指具有与一个人自身生物性别相反的性别认同或性别感。

（二）心境障碍

心境障碍旧称情感性精神障碍，是指由各种原因引起的以明显而持久的情感或心境改变为主要特征的一组精神障碍。临床上主要表现为情感高涨或低落，伴有相应的认知和行为改变，可有幻觉、妄想等精神病性症状。大多有反复发作倾向，每次发作常常与应激性事件或处境有关。按照发作方式的不同将心境障碍一般分为四类。

1. 抑郁发作

抑郁发作通常以典型的情绪低落、思维缓慢、意志活动减退“三低症状”，以及认知功能损害和躯体症状为主要临床表现。抑郁发作的发作形式主要有：轻型抑郁症、无精神病性症状抑郁症、有精神病性症状抑郁症、复发性抑郁症。

2. 躁狂发作

躁狂发作的典型症状是情绪高涨、思维奔逸和精神运动性兴奋。常伴有瞳孔扩大、心率加快、体重减轻等躯体症状以及注意力随境转移,记忆力增强紊乱等认知功能异常,严重者会出现意识障碍,有错觉、幻觉和思维不连贯等症状。躁狂发作的形式主要有:轻型躁狂、无精神病性症状躁狂、有精神病性症状躁狂、复发性躁狂。

3. 双相障碍

双相障碍主要表现为躁狂症状和抑郁症状交错发作,临床上较为少见。例如,一个躁狂发作的患者突然转为抑郁,几小时后又再复躁狂。

4. 持续性心境障碍

持续性心境障碍的特点主要有:持续性并常有起伏的心境障碍,每次发作极少严重到足以描述为轻躁狂,甚至不足以达到轻度抑郁。因为这种障碍可以持续多年,有时甚至占据生命的大部分时间,因而造成相当大的痛苦和功能缺陷。其发作形式为:环性心境障碍(反复出现心境高涨或低落)、恶劣心境(持续出现心境低落)。

(三)神经症

神经症不是某种特定的疾病类型,而是由于大脑功能紊乱而引起的一组精神障碍的总称。除癔症外没有精神病的症状,它主要表现为烦躁、紧张、焦虑、恐怖、强迫症状、疑病症状、心情抑郁或分离症状、转换症状等。它包括抑郁性神经症、焦虑性神经症、强迫性神经症、疑病性神经症、恐怖性神经症、癔症性神经症、神经衰弱等。高职生中以强迫症、焦虑症、恐怖症、疑病症为多见。

1. 强迫症

强迫症是以强迫症状为核心的一种心理疾病。病人常有无法自我克制的、重复出现的某种观念、意向和行为,深陷其中而又无法自拔,因此,病人感到非常痛苦和不安。

强迫病的临床表现多种多样,一般分为强迫观念和强迫动作。强迫观念是指某些思想或某些想法不断重复出现,明知没有必要,但就是无法摆脱;强迫动作则是指病人为了减轻因强迫观念所引起的焦虑,不由自主采取的各种相应的行为。其中,前者又可细分为强迫回忆、强迫联想、强迫疑虑,强迫性穷思竭虑和强迫性对立思维;后者分为强迫意向,强迫性计数、强迫性检查、强迫性洗手、强迫性仪式等。

2. 焦虑症

焦虑症是一种具有持久性焦虑、恐惧、紧张情绪和植物神经活动障碍的脑机能失调,常伴有运动性不安和躯体不适感。焦虑症又有急性焦虑症和慢性焦虑症之分。急性焦虑症临床表现为病人在某一急性精神创伤后突然发病,莫名其妙地惊恐、心慌、出汗、面色苍白、两手发抖等。急性焦虑症的发作可以持续几分钟或几个小时。有时发作过后病人感到一切都恢复正常;有时则使人经常处于一种紧张不安状态,担心此病会再来。慢性焦虑症临床表现为心悸、烦躁、忧郁等。这种病人易紧张、易激惹,稍有刺激声和麻烦事,病人就不能忍受,甚至大发脾气,事后能有自知之明并有后悔感。焦虑症的具体症状包括身体紧张、自主神经系统反应性过强、过分机警等方面。

3. 恐怖症

恐怖症是指对某些事物或特殊情境产生十分强烈的恐惧感,这种恐惧感与引起恐惧的情境通常极不相称,让人难以理解。患者明知自己的害怕不切实际,但不能自我控制。患者一般女性多于男性,多发生于青少年或成年早期。常见的恐怖症有以下几种。

(1)社交恐怖。社交恐怖表现为:害怕在众人面前出现,害怕被人注意,害怕会出现脸红、发抖、出汗或行为笨拙,因此不敢与人面对,逃避与人谈话。有时面对特殊的交往对象会出现恐怖症状,如异性恐怖、单位领导恐怖等。

(2)旷野恐怖。旷野恐怖表现为:经过空旷的地方时会恐怖发作,并伴有强烈的焦虑和不安,如“闭室恐怖”“高空恐怖”“墓地恐怖”等,患者多见于15~35岁的女性。

(3)动物恐怖。动物恐怖表现为:害怕看见或接触某种动物,如狗、猫、鼠、蛇、昆虫等。动物恐怖多发生于童年期,但常持续到成年期。

(4)疾病恐怖。疾病恐怖表现为:怕得某种疾病,如肝炎、癌症等。为此与人接触时常戴手套或根本不敢与人接触。此外,还有利器恐怖、不洁恐怖等多种表现。

4. 疑病症

疑病症是指患者在没有任何证据的情况下确信自己有病,从而处于对疾病或失调的持续的强烈的恐惧和疑虑之中。患者多表现为极度焦虑,对自己想象出来的疾病经常表现出强迫性动作。当医生检查证明他们没有病时,常会认为医生的诊断是错误的,然后再去找其他医生。疑病症的背后实质上是一种潜在的内心的不安全感、矛盾、冲突和困扰。患者常把一切挫折、失败归结于"病",从而减少个人心理上的压力、内疚和自责,避免对自己能力、才学等的怀疑和否认,避免自以为可能出现的名誉、地位的损失,从而心安理得。可见,疑病症实际上是一种自我心理防御机制作用的结果。

(四)应激相关障碍

应激相关障碍又称反应性精神障碍或心因性精神障碍,是指一组主要由心理、社会(环境)因素引起的异常心理反应而导致的精神障碍。应激相关障碍主要有以下几种。

1. 急性应激障碍

急性应激障碍的患者在遭受急剧、严重的精神打击后,在数分钟或数小时发病,病程为数小时至数天。

急性应激障碍主要表现为意识障碍,意识范围狭隘,定向障碍,言语缺乏条理,对周围事物感知迟钝,可出现人格解体,有强烈恐惧,精神运动性兴奋或精神运动性抑制。

2. 创伤后应激障碍

创伤后应激障碍又称延迟性心因反应,指在遭受强烈的或灾难性精神创伤事件后,延迟出现、长期持续的精神障碍。从创伤到发病间的潜伏期从数月到半年不等。病程呈波动性,多数可恢复,少数会转成慢性,超过数年,最后转变为持久的人格改变。

创伤后应激障碍的主要表现有：创伤性体验反复重现；对创伤性经历的选择性遗忘；回避易联想起创伤经历的活动和情境，常有植物神经过度兴奋，伴有过度警觉、失眠，可有自杀观念。

3. 适应障碍

适应障碍是指在重大的生活改变或环境变化时所产生的主观痛苦和情绪紊乱状态，常有一定程度的行为变化等。通常在遭遇生活事件后 1 个月内起病，病程一般不超过 6 个月。典型的生活事件有分离、入学、转学、患重病、移民、未能实现个人希望等，发病往往与生活事件的严重程度、个体的心理素质、心理应对方式、来自家庭和社会的支持等因素有关。

适应障碍的临床表现形式多样，主要以情绪障碍为主，如抑郁、焦虑、烦恼，也可伴随品行障碍，这与年龄有一定联系，处理日常事务的能力受损。

（五）精神分裂

精神分裂症是一组病因未明的常见的重型精神病，其发病率在精神病中居首位。发病年龄多为青壮年。此病心理异常的表现主要是精神活动“分裂”，即患者行为与现实分离，思维过程与情感分离，精神活动与外界活动分离，思维、情感、行为具有非现实性，常让人匪夷所思。精神分裂症常表现为联想散乱、思维混乱、情感迷乱、行为错乱、出现幻觉幻听等，早期表现为懒散、淡漠、自语、猜疑孤僻、恐惧不安、莫名其妙的身体不舒服等。患者通常不承认自己有精神病，对自己的处境完全丧失自知力，甚至会给公众社会生活造成危害。精神分裂症治疗方法很多，一般以药物治疗为主，辅之以心理治疗。

三、高职生心理问题产生的原因

（一）个体原因

从人的发展阶段上来看，高职生处于青年初期向青年中期过渡时期。在心理发展历程中，高职生面临着艰巨的心理发展课题，如自我接纳、社会适应、人际关系、异性交往、社会责任等。而刚进入高职校门的高职生们，由于心理发展不成熟，情绪不稳定，心理冲突时有发生，很容易产生适应不良，从而出现各种心理问题。

多数高职生的心理问题都是由于在完成自身成长过程中面临的发展课题方面遇到了困难而产生的，高职生的心理问题多数是发展性问题。由于发展性问题未解决好，容易导致出现健康问题。

（二）学校教育原因

长期以来，中学的应试教育使学生在某些身心发展方面应受到的教育和培养受到严重制约和影响，致使学生的一些发展课题延到了高职，心理素质不能达到应有的水平，无形中又增大了学生在高职的成长负担，主要表现为自我管理能力差，人际沟通能力差，过于单纯和幼稚，情绪不稳定，性格懦弱，意志比较薄弱，挫折承受力低等。

进入高职后，由于学习负担过重、专业选择不当、高职生活不适应、业余生活单调等因素，加上高职是一个竞争激烈的环境，使得高职生面临着很大的心理压力。

（三）社会原因

许多心理问题是由于对环境适应不良而引起的。改革开放以来，中国社会发生了巨大改变。随着市场经济体制的确立，竞争机制的导入，人们的生活方式和价值观念都发生了一些变化；中西文化碰撞，多种价值观冲突，有些高职生常常感到茫然、疑虑、混乱；大众传播媒介对一些高职生的思想及行为带来的消极的影响，阻碍了他们身心的健康成长。

（四）家庭原因

一些高职生的家庭过度保护或过度严厉者，导致依赖、被动、胆怯、任性等心理倾向或冷漠、盲从、不灵活和缺乏自尊自信的心理倾向。在高职生的各种典型心理问题和心理疾病中常常可以看到家庭影响的痕迹。

此外，遗传因素和突发性事件也是导致高职生心理问题的原因。

第四节　高职生健康心理的培养

一、正确掌握心理卫生知识

高职生已经开始走向成熟，自我意识已基本建立，对他们来说，最重要的教育是自我教育。因此，每个高职生都应增强心理卫生意识，了解心理卫生的知识，而不应使自己在这方面存在盲点。掌握一定的心理卫生知识，就等于把握了心理健康的钥匙，在必要时就可以用来进行自我调节。这可以说是掌握了心理健康的主动。

二、正确认识自我和悦纳自我

古希腊人曾把"能认识自己"看作是人的最高智慧。我们也常说"人贵有自知之明"。然而，生活中却常有这样的现象：有些人容易看到自己的优点和长处，却看不到自己的弱点和不足；有些人看到自己的很多问题，但却看不到自己的主要的问题等。事实上，产生这种现象是正常的。

（一）要愉快地接纳自己

人对自己的认识并不是一种抽象的概念，它本身常有情感态度，伴有自我评价的感情，即对自己是好感还是恶感，是满意还是不满意，这取决于一个人对自己的人生态度是排斥还是接纳，要正确认识自己必须对自己采取接纳的态度，也就是说，人对自己的一切不但要充分地了解、正确地认识，而且还要坦然地承认、欣然地接受，不能欺骗自己、排斥自己、拒绝自己，更不能烦恨自己。从心理学的角度看，就是君子能自我悦纳，心情开朗，自尊、自信、自立、自制、自强、自爱，欣赏自己的独特性。悦纳自己是一种心理状态，与客观环境并不完全相关，有些人虽有生理缺陷，但很乐观；有些人五官端正，相貌堂堂，但却不喜欢自己；有些人并不富裕，却知足常乐；有些人有钱有势，却并不深感快意。

（二）自觉地控制自己

人和动物在行为上的根本区别，在于人的行为的自觉性，动物行为受其本能支配，而人则不同，他不但能意识到自己的本能，还能驾驭自己的本能。本能一旦被意识到，也就要受意识所控制，此时，本能也就人化和社会化了。排泄是一种生物的本能。对于动物来说，其排泄是不择时间、地点和环境的。一个没有社会化的幼儿如同动物一样，而一个正常的成年人，就绝不会不择时间、地点地随意大小便。这说明一切生物本能在成人身上表现的时候皆要受理智的过滤，只有这样，生物的人才能变为社会的人。古今中外的许多贤哲都曾提到用理智控制自己，是做人的一种基本准则。这些理论本身的局限是自不待言的，但他们强调人的行为应自觉地受意识和理智的支配与控制，却反映了人类社会生活的客观要求和人类历史发展的客观规律，同时也说明要真正准确地认识自己必须学会控制自己的重要意义。

三、进行积极的自我心理调节

（一）建立合理的生活秩序

许多高职生是第一次过自主的生活，开始时往往觉得时间多得不知怎样利用。因此，必须尽快建立合理的生活秩序。

1. 学习负担适量

高职生的主要任务是学习，很多心理活动都与学习有关。研究表明，个体在适度的压力和焦虑情绪之下，可以提高思考力和机敏度，因此高职生的学习应有一定的压力，这种压力对心理健康发展及学业的完成是必要的，但不能过分加重负担。许多新生入学，容易出现两种倾向：一是觉得苦读中学这么多年，好不容易进了高职，可以好好轻松一下，而高职相对中学来说，有更多的自由，也比较轻松，没有老师家长的过多干涉与束缚，于是终日玩乐，不思进取，任时光荒废过去；二是不太适应高职的学习方式，同时周围又强手云集，以前在本地区的那种优势已不复存在，而家乡父老乡亲又给予自己众望，于是压力很大，产生高度焦虑，在学习上被动应付，进而严重影响自信心。这两种不良倾向，最终都可能导致学业上的挫折，带来苦恼及自我否认等心理问题。

2. 生活节奏合理,有张有弛

高职校园生活是丰富多彩的,这为合理安排生活节奏,积极参加多种多样的文体活动提供了十分有利的外在条件。这样既可调剂紧张的学习生活,又可以开阔视野广交朋友,发现自己在各方面的潜力,增加与他人相处的经验,从而经常体验高职生活的快乐。这种平稳的积极状态,能使高职生充分发挥其潜在能量,增强自信,使自己的生活有节奏感,劳逸结合,提高学习效益,得到最佳的适应。

3. 注意用脑卫生

大脑是心理活动的最重要物质基础。大脑受到损伤,心理健康就无从谈起。过度的疲劳、紧张,或长时间的高度兴奋、强烈刺激,都会引起脑功能失调,要恢复失调的脑功能,颇为费时费力。因此,高职生千万注意不要图一时之快,逞一时之强,忽略用脑卫生。

(二)保持健康的情绪

首先,应学会合理宣泄,找到充分表达自己情绪的方法,既不要压抑自己,也不要放纵自己。在生活中,人们难免会遇到不良刺激。然而,剧烈的情绪会降低人的理智水平,一旦失去了控制,会带来许多不良后果。所以,一个人应该在自己情绪剧烈变化的过程中,及时予以控制,以避免愤怒情绪的最终爆发。

其次,对于消极情绪,要学会几种自我疏导、自我排遣的方式。当遇到一些忧愁、不平和烦恼时,应把它发泄出来,长期压抑情绪是有害于心理健康的。在忧郁的时候,找知心朋友或亲人倾诉,甚至大哭一场也不失为一种调整机体平衡的方式。也可以用转移的方式:不要对一件令人沮丧的事总去注意,而将注意力转移到别的事物上去,暂时离开这件不愉快的事,去看看电影、听听音乐,使忧闷排遣出来。幽默也是一种很好的调节方式,有助于保持心理健康。

四、建立良好的人际关系,学会去爱

建立良好而真诚的人际关系,是非常重要的心理保健途径。高职生都是同龄人,共同点较多,人际关系比社会上单纯,和谐的人际关系,可以增加自信和理解,减少心理上的不适感。实现平衡、健康的心理是需要丰富营养的,最重要的营养就是爱,爱不是抽象的,它有着十分丰富的内涵。除了大家通常意义上的男女爱情之外,诸如眷恋、关怀、惦念、安慰、鼓励、帮助、支持、理解等,都可归为爱的范畴,而这些都可以从良好的人际关系中得到,并且又使人际关系更为和谐。高职生的友谊往往是深刻而持久的,它可以成为高职生感情的寄托,可以增加归属感。而且,去关心他人、理解他人,又能促使自己拥有博大的胸怀,从而大大增加生活、学习、工作的能力和力量,最大限度地减少心理应激和心理危机感,这是人们维护和保持心理健康的最基本、最重要的因素之一。

在交往过程中应该意识到,现实生活中的每个人都不可能是完美无缺的,在个性、行为习惯、价值观念和情绪状态等各个方面都可能会有各自的优点与不足,因此,对他人要有一种宽容的态度,不要期望过高,对他人期望过高,往往会产生失望感,其结果是使自己的心理平衡受到干扰,对自己造成更大的不良影响。

五、树立符合实际的奋斗目标

每个人都有成功的欲望,高职生的这种成功欲望更为强烈,但每个人的能力都有一定的限度,都具有优势和劣势两个方面。一个心理健康的人,应该能对自己的能力做出客观的评价,并依此付诸社会实践,做到这一点,对于保护个体少受挫折及充分发挥才能等都是非常重要的。因此,不对自己苛求,把奋斗目标确定在自己能力所及的范围以内,使自己通过艰苦努力,能最终实现这一目标这些成功的体验,对于维持心理健康是极为重要的。

如果不自量力,盲目地制定宏伟目标,结果往往会目标落空,在个人心理上蒙受打击,产生挫折体验,不仅白白耗费了精力,也给自信心和心境造成不良影响,而且还会影响到今后的进一步发展。

此外,树立切实的目标,还包括不盲目地处处与人竞争,高职生处于青年阶段,青年人在一起容易出现争强好胜、相互攀比的现象,在高职中,有些学生常暗示并鼓励自己盲目地与他人竞争,然而,每个人精力有限,优势各异,如果处处与他人竞争，不可避免地会受到挫折、失败；而且，处处竞争，会使自己终日生活在紧张状态之中，心理上承受过大的压力，这对心理健康极为不利。因此，每个高职生应根据自己的实际情况，选择竞争的领域，一方面，有利于充分发挥自己的优势，争取获得成功；另一方面，有助于身心的健康发展。

六、寻求心理帮助

（一）正确认识心理问题

心理困扰人人有，只是程度不同。高职生活的不适应，考试焦虑，人际关系不协调，恋爱困扰，择业的迷茫，欠缺自信或人际交往能力等都是高职生常有的心理困扰，都可以及时寻求心理帮助。产生中度以上心理障碍或心理疾病，用科学态度对待，积极配合治疗。

（二）科学理解心理咨询

当前，不少高职生对心理咨询存在误解，认为有心理问题的人（患有精神病）才去心理咨询，对心理咨询非常敏感，甚至排斥。即使碰到心理问题也羞于咨询，以至于耽误解决问题的最佳时机，使问题复杂化。高职生应端正对心理咨询的认识，科学理解和正确对待心理咨询。

心理咨询是一个过程。在这个过程中，受过专业训练的咨询员与来访者建立一种具有治疗性的关系，协助来访者认识自我，接纳自我，进而欣赏自我，实现自我价值，使人生有丰富的发展。心理咨询的方式很多，如通过以生活指导为中心的咨询，可以帮助高职生正确处理学习、交往、择业等问题，改善他们的适应能力；通过以心理卫生为中心的咨询，可以指导学生改善情绪和性格，使他们面对挫折时保持心理平衡；通过对心理障碍的诊断及治疗，可以指导高职生正确处理学业、成才、交友、择业、恋爱、求职等方面的问题。

（三）主动寻求心理咨询

要去除“有病（精神病）才去咨询”的误解。学校的心理咨询不等同于医院的心理治疗。学校心理咨询主要是发展性的咨询，即帮助人们解决一般的心理困扰，协助人们更好地认识自我,开发潜能,使人获得更好的发展。主动寻求心理咨询可以及时调整心态。

第二章　高职生的适应与发展

进入高职并不仅仅是个体从一所学校到另一所学校的变化；在更广泛的意义上，它是个体从依赖走向独立的开端，是青年期的重要转折。尽管进入高职通常被认为是一项积极的生活事件，但是，它同时也使个体经历与环境关系的多方面改变，个体对这一改变的适应，既直接影响其当前的身心发展，也对其未来的发展具有深远的影响。

第一节　适应与发展概述

一、适应与发展的含义

（一）适应的含义

适应是近年来在开展心理健康教育的过程中经常涉及的一个重要概念。心理学范畴里使用适应概念时通常有三个角度，一是生物学意义上的适应，即生理适应，如感官对声、光、味等刺激物的适应；二是心理上的适应，通常是指遭受挫折后借助心理防御机制来使人减轻压力、恢复平衡的自我调节过程，这是一种狭义的适应概念；三是对社会生活环境的适应，包括为了生存而使自己的行为符合社会要求的适应和努力改变环境以使自己能够获得更好发展的适应，这是社会适应的概念。

目前，解释适应概念比较权威的定义来自朱智贤主编的《心理学大辞典》，该词典中对适应的定义如下：“适应是来源于生物学的一个名词，用来表示能增加有机体生存机会的那些身体上和行为上的改变。心理学中用来表示对环境变化做出的反应。如对光的变化的适应和人的社会行为的变化等。”

皮亚杰认为，智慧的本质从生物学来说是一种适应，它既可以是一个过程，也可以是一种状态。有机体是在不断运动变化中与环境取得平衡的,它可以概括为两种相反相成的作用:同化和顺应。适应状态则是这两种作用之间取得相对平衡的结果。这种平衡不是绝对静止的,某一个水平的平衡会成为另一个水平的平衡运动的开始。如果机体与环境失去平衡,就需要改变行为以重建平衡。这种平衡——不平衡——平衡……的动态变化过程就是适应,也是儿童智慧发展的实质和原因。这一定义至少从以下三个方面说明了适应这一心理现象的性质与特点:第一,心理适应是主体对环境变化所做出的一种反应;第二,心理适应是一个重建平衡的动态变化过程;第三,心理适应的内部机制是同化与顺应的平衡。这三点对于理解适应的概念具有重要的作用。

(二)发展的含义

"发展"一词有时与"发育""成长"交替使用,但含义并不完全等同,后者更多的是指身体、生理方面的生长成熟,而且主要意味着量的增长;而发展的含义指个体身心整体的连续变化过程,不仅是量的变化,更重要的是质的变化。

人的发展是由简单到复杂、由低级到高级的不断变化的过程。作为集体的人或整个人类,其发展经过了大约 440 万年,达到今天空前的高度发达状态。作为个体的人的发展是人在从出生到成熟的过程中,身体的、心理的、智力的、精神的和社会的各方面都达到一定水平。人的发展,在不同的文化语境里尽管有共同的内容,但更应关注其不同的意义。我们生活在一个多样化世界里,由于人们受不同民族、地区、文化传统、经济发展水平等条件制约,发展观也有较大的差异。他们关于发展的范围、发展的原因、发展的方向、发展是否是合意的以及儿童的原始道德状态等问题有不同的主张。

个体的心理发展就是指个体从出生到成人再到老年的心理的发生、发展和变化的过程,是个体在成长期间对客观现实的反映活动不断扩大、逐步提高和完善的过程。人的心理发展所经历的过程和形式,是一个从低级到高级、从简单到复杂、从量变到质变的过程。同时是一个包含着许多心理因素的多层次动态系统。每一心理因素的形成和发展,都是从缓慢的积累发展到一定年龄阶段而发生质的变化的;各种心理因素的发展变化是不同步的。同时,它们之间又相互影响,形成各种心理因素错综复杂的交替变化。个体心理发展表现出一些带普遍性的特点,概括起来有以下几点。

第一,心理发展是一个持续不断的过程,每一心理过程和个性特点都逐渐地、持续地发展着,由较低水平到较高水平。

第二,心理发展有一定的顺序性,即整个心理的发展有一定的顺序,个别心理过程和个性特点的发展也有一定的顺序。如儿童的思维总是从具体思维发展到抽象思维。

第三,心理发展过程呈现出许多阶段,前后相邻的阶段有规律地更替着,前一阶段为后一阶段准备了条件,从而有规律地过渡到下一阶段。

第四,各个心理过程和个性特点的发展速度不完全一样,它们达到成熟的时期也各不相同。如感知觉、机械记忆等早在少年期之前就已发展到相当水平,而逻辑思维则需至青年期才有相当程度的发展。

第五,心理的各个方面的发展是相互联系和相互制约的,如儿童知觉的发展是记忆发展的前提,而记忆的发展又反过来影响知觉的发展。知觉为思维提供具体的直观材料,这是思维发展的基础,而思维的发展又完善了知觉,使之成为有目的的观察。

第六,心理发展有明显的个别差异。由于人们的环境和教育条件不尽相同,遗传素质也有差异,所从事的活动也不一样,心理发展的速度和心理各个方面的发展情况也是因人而异的。这就造成了同一年龄阶段上的不同儿童在心理上的差异。

人的发展与他所生存的环境和人自身的主动是分不开的。人是社会的人,人在社会中生存、生活和发展。社会环境在一定程度上影响、塑造着人的个性,对人的发展有着巨大的影响。但是,人不同于动物,人的发展不是被动地取决于环境,人的心理活动、人对自我的认识、人的个性特点、人的积极主动精神,对人的发展具有重要的作用。实现个人的更好发展,是当代高职生的共同愿望。高职生了解高职阶段人生发展的任务,认识和掌握人生发展的规律,将有助于自身的发展和完善。

（三）适应与发展的关系

适应和发展是相互依存密切相关的，它们是同一过程的两个方面。适应是发展的基础，发展是积极的适应。在现实生活中，人们对环境的适应，从适应的方向上看主要有两种。

1. 消极的适应

这种适应是人与环境的消极互动过程。在这一过程中，个体认同、顺应了环境中的消极因素，压抑了自身的积极因素及自身的潜能，违背了人的心理发展方向。其结果是环境改造了人，而人未发挥自己对于环境的能动作用。在高职学习过程中，有的学生因为某次考试成绩不理想，就悲观失望，觉得前途渺茫。如此是以压抑自己的潜能、牺牲个人心理机能和品质为代价的，这种对环境的适应是消极的适应，是一种退化，而不是发展。

2. 积极的适应

积极的心理适应是个体在客观环境中积极主动地调整自己与环境的不适应行为，增强个体的主动性、积极性，使自身得到发展。任何环境中都存在着有利于个人成长的积极因素和不利于个人成长的消极因素。积极的适应是要正确地分析自身的特点及环境的特点，并从二者的分析中找到自己的生长点。

二、适应与发展的相关理论

（一）西方学者关于人的适应与发展的理论

西方关于人的适应与发展的理论较多，择其要者介绍如下。

1. 人本主义关于人的适应与发展理论

人本主义心理学家罗杰斯（C. R. Rogers）认为，人性的基本冲动是自我实现，人自出生就具有许多潜在的能力，这些能力在适当的环境中可以自然充分的发展；但是如果环境不好或未得到良好的指导，则潜在能力可能受到阻碍而无法完全发展或朝歪曲方向发展，因而造成偏差行为。因此，在罗杰斯看来，适应就是个人与外在环境达成了一种和谐和默契，从而使个体能够充分挖掘自我潜能。展现自我价值的过程，是“个人按照自己的机体的评价过程，而不是依照外在的价值条件来生活的过程”，也是所谓“机体估价过程”。

2. 行为主义关于人的适应与发展理论

行为主义的观点建立在动物实验的基础之上。行为主义认为人的适应与发展过程与动物有相似之处。适应与发展的阻力可能来自客观的环境，个人能力的欠缺或个体需要的内在矛盾。面对阻力，人们会产生不同程度的紧张和焦虑。为了缓解这种紧张和焦虑，人就尝试着寻求新的解决问题反应方式。在一次次的尝试中，人学会了适应，得到了发展。

3. 社会角色理论关于人的适应与发展理论

社会角色理论认为，每个人在社会关系系统中处于一定的角色地位，周围的人也总要按照社会角色的一般模式对他的态度、行为提出种种合乎身份的要求并寄予期望，这就叫作“角色期望”。一个人的态度、行为如果偏离了角色期望，就可能引起周围人的异议或反对。在这种情况下，人会把别人对自己的态度当作镜子来认识自己的形象，从而形成“自我概念”。人会按照别人的期望不断调节自己的行为与塑造自己，这就叫作“角色采择”。每个人都处在一定的社会关系和环境中，周围的这些社会关系和他人都会根据人们的职位、个性、家庭背景等不断地提出一定的“角色期望”，而每个人都会通过“角色采择”塑造自己的自我形象，并不断向这个方向靠近。如果“角色采择”的自我形象和“角色期望”中的一样，这个人就能和谐的发展；如果不一致，个人就可能出现一定的不适应，进而会出现心理失衡等问题。

4. 哈维格斯特的综合发展理论

哈维格斯特是美国芝加哥高职研究儿童毕生发展的心理学家。他在总结前人有关发展研究的基础上，提出了一种具有综合色彩的发展理论，即综合适应发展理论。哈维格斯特认为人类不是天生就有一种能指引我们生活的本能，要在人类社会中顺利生活，个体就必须学会自我学习、摸索。这个学习过程是应该伴随人的一生的：随着生命的开始而开始，也随着生命的结束而结束。他认为个体在学习过程中所要完成的任务之间不是等距离的,也就是说,个体是不能以一个固定的速度去完成一个个任务的,而必须使一些学习任务在某个时期内完成,而另一些学习任务又在另一个时期内完成。这样,就会产生许多加速学习时期。而正是这些加速学习时期的存在使得许多个体在发展过程中感到不适应,由此产生各种各样的心理危机和冲突,在这种情况下,哈维格斯特提出了发展任务这个概念。

哈维格斯特认为发展任务即一个人在发展的某一阶段必须学习的活动,若此项活动成功学会,不仅可以使他感到快乐,而且还会促使他完成以后的发展任务;若此项活动失败了,不但使他感到沮丧、不安以及容易被社会不承认,还可能阻碍以后发展活动的进行。但是什么力量促使个体去完成这一项项的发展任务呢?哈维格斯特认为这既有内部的原因也有外部的原因。具体地说是包括三方面的力量:第一种力量是来自身体成熟和体力发展规律,如要在儿童早期学会走路以及在老年期要适应逐渐衰退的体力和健康状况;第二种是来自社会文化的压力和社会期望,比如,每个个体都要学会阅读,学会处理人际关系以及能承担作为一个公民所应承担的政治和社会责任,这些都是个体在当今社会下的客观需要;第三种力量是基于或直接来自个体自身价值观和抱负,如要求在事业上成功就是与个体自身的成就动机相关。然而,就大多数发展任务来说,乃是上述三方面因素共同作用的结果。

哈维格斯特认为,个体所属的社会团体要求其成员在某一特定的年龄必须完成属于当时的特定发展任务,这一特定的年龄就是所谓的关键期。在这关键期中,个体凭借已有的发展经验和水平来对对象加以认识,这种认识的水平将深刻影响日后个体对外界的参与程度。他认为发展任务是个体发展的重要基础,人的发展即是完成人生发展任务的过程,同样人的成熟也由一个个发展任务的完成而实现。在这个发展的过程中,哈维格斯特提出人的发展首先是情绪和社会的发展,其次才是智力的发展。

(二)中国儒家关于人的适应与发展理论

先秦时期儒家思想可以看成是孔子、孟子及其再传弟子的前后相继的作品中表达出来的内容,基本上构成一个体系,被后世认为是儒家思想的源头。同时,这些思想也反映了包括孔子本人在内的儒家代表人物的真实意思。其后,经过汉代“纳法入儒”以及宋、明理学的歪曲,儒学被改造成为官方的意识形态,正统的儒家思想已不复存在。我们这里所说的儒学是指先秦时期的儒学。

1. 个人发展的目的:教育是为培养“仁”人

孔子旗帜鲜明地主张精英教育,他试图通过培养一批训练有素的官员,实践其政治思想,肃清“礼崩乐坏”的混乱局面。因此,教育或人的发展,在集体的意义上,就是要恢复周礼秩序,建立和谐社会。而对于个人,他也提出质量规格,以诗、礼、乐来全面塑造“仁”人作为社会成员。儒家关于教育与社会的关系问题可以用子夏的主张加以概括:仕而优则学;学而优则仕。

先秦时期儒家思想的精髓在于提出“仁”这个核心概念,“仁”被视为人的至高境界。孔子以仁统领其思想,涉及政治的、文化的、教育的诸多方面。

2. 个体发展的水平与发展的阶段性

儒家强调,个人的发展具有不同水平,按以下的序列展开。

格物致知:探究事物,达到认识世界的目的。

正心诚意:观照内心,培养向上的情操,达到以诚对自己、别人和外部世界。

修身养性:磨砺意志,并使自己的感情得到和谐克制,不与外部世界冲突。

古希腊人如柏拉图也认为人在不同的时期要学习相应的内容,并通过层层选拔使教育能培养社会各阶层的人。儒家关于发展的阶段与此不同,它是一以贯之的发展序列,是每个人经过一定的努力后都可达到的发展水平。

人的发展还具有阶段性,孔子认为人在不同时期有不同的使命,他说“吾十有五而志于学,三十而立,四十而不惑,五十而知天命,六十而耳顺,七十而从心所欲,不逾矩”。

3. 个体的适应性——“中庸之道”

“中庸之道”是中国古代儒家所提倡的一种道德实践原则和处世待人的方法。最早提出“中庸”概念的是孔子。孔子“中庸”思想的精髓是:“去其两端,取其中而用之。”也就是去除偏激,选择正确的道路。它体现的是端庄沉稳、守善持中的博大气魄，宽广胸襟，和“一以贯之”的坚定信念，是具有永久的真理性和现实主义的伟大思想。“中庸之道”为社会关系以及人的适应与发展等方面提供指导，依据“中庸之道”行事能达到的内外合一的境界，即内在心理与外在行为的统一，以及人际的和谐，从而达到“心理健康”的目标。在中国人的文化之脉中，“中庸之道”正是一个引导个体在不同情境中，表现出适时、适所的行为面貌，帮助个体适应不同的社会环境，使个体在中华文化的脉络下，具有良好的适应状态。中庸是一种积极而不激进，执着而不偏执的状态。

第二节 高职生的适应与发展

一、高职生适应与发展的内容与特点

（一）高职生适应与发展内容

进入高职并不仅仅是个体从一所学校到另一所学校的变化，在更广泛的意义上，它是个体从依赖走向独立的开端，这使高职生适应与发展并非单一方面的改变，而是社会角色变化、环境改变、脱离原有社会关系等多方面转变的复合体。因此，进入高职的变化表现在多个方面。例如，作为主导活动之一的学习在内容上趋于广泛、深入，在方式上从成人（父母、教师）监控与指导为主变为以个体自我监控与指导为主；个体离开家庭，既脱离了父母的监控，同时也失去了父母的直接保护与照顾；个体脱离熟悉的人际环境，面临在新环境下重建社会网络的任务；日常生活安排从成人主导与服务为主变为更多由自我决定和服务；离开熟悉的环境，进入陌生的新环境，需要发展对环境的认同等。

根据上述分析，我们认为，由于进入高职带来环境的全方位变化，环境的变迁对个体提出的挑战往往涉及个体—环境关系的多个方面，因此个体对这一转折期的适应不仅仅存在于某单一方面，而广泛存在于学习、日常生活、人际交往等各个方面，因此具有多维性。具体而言，高职适应的主要构成因素包括以下方面。

第一，学习适应，指个体进入高职后，面临内容拓广、加深，并以自我监控为主

的学习任务，能否发展出新的学习能力，以胜任学习任务的转变。

第二，人际适应，指个体在脱离熟悉的人际环境、进入新环境的转变中，能否在新环境中建立起协调的人际关系，如自主处理同学关系、结交新朋友以及与老师的积极交往等。

第三，生活自理的适应，指个体在脱离父母监控与服务的情况下，自己安排与照顾日常生活的效能。

第四，环境的总体认同，指个体能否接纳新环境。认同新环境之所以是入学适应的重要方面，这是由于两方面的原因：一是新环境在向个体提出新要求的同时，也提供了许多潜在的发展机会，而只有在接纳环境的基础上，个体才有可能积极回应环境的要求并利用环境所提供的机会，从而为达成与新环境的平衡奠定基础；二是由于进入高职是个体可预期的事件，个体带着较高的期望进入新环境，而期望与现实可能存在差异，如何协调期望与现实的差异、避免对新环境的极端消极看法。

高职入学可以说是个体的重要压力源，个体在完成上述适应任务的过程中如不能很好调节，可能因承受持续性的压力而产生一些生理与心理的症状。

（二）高职生适应与发展特点

1. 适应与发展的不平衡性

已有的研究表明，高职生在上面四个方面的适应具有不平衡性。相对而言，个体在学习与人际适应方面的适应困难较大。从进入高职所带来的变化来看，最明显的变化也是体现在学习与人际适应方面。

在学习方面，尽管进入高职的个体均在高中阶段学业表现优秀，但高中阶段发展的学习技能并不足以应付与高中的学习内容、方式存在显著不同的高职学习，因此，个体必须调整已有的学习策略，发展新的学习技能。但是，在个体入学后，尽管学习任务与要求在客观上存在显著的转变，而且个体习惯化的方式已不能顺利解决学习中存在的问题，然而高职环境却较少提供有针对性的学习适应指导，个体在相当大的程度上必须由自己实现从成人监控、指导的学习方式向自我监控与指导的方式转变，因而存在相当的困难。

在人际适应方面，高职环境中人际关系最显著的特点是师生关系明显淡化，而同学互动相对频繁。同学关系的重要性增加，但发生冲突的机会客观上也大为增多。个体一方面要适应师生关系的改变，并在此基础上发展与老师的积极交往；另一方面，也是相对更富有挑战意味的是如何在频繁互动、冲突机会提高的情况下，发展与新同学的良好关系。由于高职的同学在生活习惯、性格、过去经验等方面存在很大差异，而且更重要的是，交往的主体同为面临艰巨适应任务，而又缺乏经验的个体，因此，相互的人际适应困难也更为突出。由此我们可以看到，在人高职的转折中，个体的人际适应既可能与其自身的人际交往技能有关，同时，又是与群体的特点相联系的。在这个意义上，人际适应更具有群体共同发展任务的特性。从这一点出发，在进入高职的适应指导工作中，重视根据群体特点进行群体性指导与干预将是促进个体人际适应的有力途径。

2. 适应与发展的长期性

个体进入高职的适应并非短期内即可完成。一方面，压力情境随时间延续逐步展开，另一方面，个体发展与环境要求相适宜的行为与技能也不是一蹴而就的，因此，个体适应的困难并不全部集中于入学的初期，而是在与环境的互动中逐步产生的。这与人们通常认为随时间延续，个体在入学初期所产生的紧张、不安会逐步降低的认识有所不同。

国内外研究发现，在一段时期内，个体的负性情绪体验不仅不会降低，而且有所增高。与入学初期相比，个体在进入高职近一学期时，所体验的焦虑与抑郁在总体上增多，表明进入高职的变化带来了持续性的影响。事实上，进入高职的变化向个体提出的全方位独立要求并不是在个体初入高职时便全部展示出来。由于在刚进入高职时，个体本身对新的生活具有强烈的新鲜感，学校在学生工作管理上也对刚入校的新生给予了特别关注，个体暂时未强烈体验到新的学习任务、同伴关系、生活方式的严峻挑战；但随着时间的延续，新鲜感逐步消失，新生所得到的特别关注已减少了，学习任务的艰巨性逐渐表现出来，在频繁的互动中同伴间的冲突产生，这些都使得个体的负性情绪体验逐步上升。这一结果提示我们，将个体的人学适应视为短期内完成的任务，并仅仅在入学初期进行适应指导的观点与管理方法不完全合乎个体入学适应的实际过程与需要。

二、高职生适应与发展的任务

关于高职生适应与发展的任务，中西方有不同的表述。西方高职生发展领域的著名学者，戚加宁提出的高职生发展"七向量理论"，具有广泛影响。具体包括：①能力培养，包括智力、体力、社交及人际交往能力等。②情绪管理，面对日常生活中各种事件引起的负面情绪，高职生应有一个充分、正确的认识，并学会以恰当的方式来处理这些情绪。③从独立性的养成到与他人的相互依存，作为高职生，学习独立并同时学习如何相互帮助、互相包容，为健康快乐地度过高职生活做准备。④成熟人际关系的建立。高职是人生发展的关键时期，这个时期通过容忍与欣赏别人与自己的不同，与别人发展亲密关系是一项很重要的任务。⑤自我认同的实现。自我认识清晰，能够对自己做出相对客观的评价。⑥发展目的。能够根据自我定位做出计划、确定合理目标并能够坚定不移地贯彻执行。⑦发展整合。能够自我肯定并在此基础上整合别人的不同意见为自我发展服务。

我国学者根据联合国教科文组织对于21世纪青少年教育的要求，结合我国的实际情况，提出了高职生适应与发展的四大任务。

学会做人：不断增强自主性、判断力和个人的责任感。使人拥有正确的人生观、价值观，拥有明确的伦理道德观念和是非观念。

学会做事：要有敬业精神，独立处理问题的能力和应对各种情况和各种环境的工作能力，能够不断积累做事的相关经验。

学会与人相处：对他人有尊重、真诚的态度，与人和谐相处，能够与他人进行良好的沟通。

学会学习：热爱学习，掌握学习的策略与方法，不断用新的知识充实自己。

第三节　高职生适应不良及应对策略

研究证明,适量的刺激对于个体的生存和发展是有益的,但过多、过强、持续时间过长的心理压力或刺激会影响人的身心健康,甚至出现适应不良综合征。

一、高职生适应不良主要表现

(一)学习适应不良

1. 学习心态上的适应不良

很多高职生在中学时代是班级,乃至学校里的“佼佼者”,是家长和老师们的“掌上明珠”,家庭、学校、教师对他们的学习十分关注。进了高职校园以后,发现“山外青山楼外楼”,自己在同学中并没有优势可言,新的竞争使许多人失去了过去作为“尖子”的位置与优越感。过去的自我、理想的自我与现实的自我形成了强烈的反差。于是,一些高职生无法在学习上找到新的支撑点,因此感到空虚无聊,甚至有少数学生在浑浑噩噩的心态中度过美好的高职时光。

2. 学习目标上的适应不良

高中阶段学习目标很明确,就是在高考中取得高分,顺利地通过高考这个“独木桥”。甚至在小学阶段,家长和老师都在不断地向学生灌输:“长大了干什么?上高职!”的理念。因此中小学学生的学习目标是非常明确的。但进入高职后,已有的考高职的目标已经实现,高职的学习目标是什么?许多学生一时并不明确。尤其是高职阶段学生自主学习的时间多,许多学生因目标不明确而产生无所事事,空虚无聊之感。

3. 教、学方法上的适应不良

在中学,为了实现考高职的目标,教师上课的针对性极强,对那些有可能在高考中出现的内容,都尽可能地教给学生。教师教学生学,教师要求背的记的,学生必须熟背牢记;教师指定的习题集,学生必须认真地完成。在课堂上学生并不是真正的主体,而是被动的“接收装置”。然而学生却习惯于这种“填鸭式”的被动的教、学方法。而高职教师讲授比较抽象和概括,且不同的教师往往有不同的风格。尤其是高职教师不坐班,基本上是上完课就走,平时学生很难见到教师,学生的自主学习成为学习的主要特点,但习惯了被动学习的学生缺乏自主学习的能力,极易产生学习的不适应。

(二)人际关系适应不良

高职环境中人际关系最显著的特点是师生关系明显淡化,而同学互动相对频繁。同学关系的重要性增加,但发生冲突的机会客观上也大为增多。个体一方面要适应师生关系的改变,并在此基础上发展与老师的积极交往;另一方面,也是相对更富有挑战意味的是如何在频繁互动、冲突机会提高的情况下,发展与新同学的良好关系。由于高职的同学在生活习惯、性格、过去经验等方面存在很大差异,而且更重要的是,交往的主体同为面临艰巨适应任务,而又缺乏经验的个体,因此,相互的人际适应困难也更为突出。一方面,不少人不愿敞开心扉,喜欢自我思考,久而久之,往往会产生孤独感;另一方面,又迫切希望社交,显示自身力量,二者常常产生难以排解的矛盾。不少学生此时社交经验少,与人相处困难,不易被人理解,受人歧视冷遇,怕丢面子名誉受损,最终导致人际关系适应不良。由此我们可以看到,高职生的人际适应既可能与其自身的人际交往技能有关,同时,又是与群体的特点相联系的。

(三)生活适应不良

高职一年级是一个特殊的阶段,他们大多数是从家庭到高职,都是第一次真正离开家乡、父母、亲友,走出家门,来到高职求学。高职校园对他们来说一切都是新的:新的学校、新的集体、新的朋友、新的宿舍、新的学习生活,新的学习方法,同时还要接受新的思维方式等。另外,高职生基本上是“从学校到学校”,缺乏生活的经验,极易出现生活适应不良。新生生活的适应不良主要体现在以下两个方面。

第一,角色的变化引起心理上的不适应。进入高职后,他们在生活上由父母包办被住集体宿舍、吃饭上食堂排队、衣服要自己洗、日用品自己买的生活方式所代替，从而产生了一种不适应感。这种依赖性和独立性的反差和矛盾造成了他们对以往生活方式的怀念和留恋，对新的生活感到难以适应。同时，环境和角色的变化使他们一时难以适从，这就打破了他们先前对高职生活所怀有的浪漫的梦幻，滋生了孤独情绪、怀旧情绪和对陌生环境、新生事物的紧张情绪。

第二，对自我、他人和社会的评价不够全面。大多数新生能根据社会、学校和集体对自己的要求来评价自己，在看到自己的优点和长处的同时，也认识到自己的缺点和不足，做出合理的自我评价。但有少数新生不能客观地进行自我评价，易走极端，导致自负感、自卑感交织。当取得成绩时，得意洋洋；当自己失败时，又觉得比谁都差，情绪极不稳定。

(四)环境的总体认同适应不良

环境的总体认同方面常见的是“文化休克”现象的产生。“文化休克”是指一个初到异地他乡的人，由于对当地的基本情况和文化氛围的不了解而产生的心理障碍。高职生来自五湖四海，长期生活、学习在不同地区的高职生们沿袭的是他们所在地和学校的文化，进入高职后，置身于一个汇聚了多元文化的高校，他们在生活习惯、行为方式和思维方式等方面对现在的总体环境认同不良，可能会产生文化上的自卑心理或歧视心理。即“文化休克”现象。

高职生出现上述心理问题的原因归根到底还是在于高职生在成长过程中，自我意识是否健康良好地发展。所谓自我意识，就是对自己进行合理、客观、正确、理性的评价，看清自己的优点，也能了解自己的缺点，知道自己可以做什么，也不苛求自己去做做不到的事情，这是改善青少年心理状况的根源，也是让他们建立自信心的关键所在。

二、适应不良的应对策略

(一)正确调控自我

1. 培养理性的认知

认知有理性和非理性两种情况，非理性认知是歪曲现实，丧失了客观性的认知。非理性认知常常是产生心理健康问题的主要根源，美国心理学家阿尔伯特·艾利斯（Albert Ellis）认为："人不是为事情困扰着，而是被对这件事的看法困扰着。"正确的认知是人适应与发展的前提和基础。人对生活的不适应，大部分源于人们对现实的非理性认知方式。如，对自己、对别人的绝对化要求，对自己对别人的以偏概全的过分概括化，对自己行为"糟糕至极"的悲观预期等。非理性认知常常导致消极的心理反应。因此，高职生要培养自己的辩证思维方式，改变自己对自我、对他人、对环境的不恰当的认识。

常见的理性认知有：人不可能得到所有人的喜爱与赞许；全能的人是没有的，人各有所长；世界上没有绝对的事，凡事以不同的角度观察便会得出不同的结论；人的情绪大多是由自己的知觉、评价引起的；适度关心别人、帮助别人，又不至于过分关心而使对方不能接受等。理性认知将会产生积极的心理反应。

2. 适应角色要求

高职生进入高职后，将面临多方面的变化，如何使自己健康地适应环境、快乐地发展呢？要了解客观的自己，了解自己的长处和缺点；要了解现在的社会和环境对自己的要求；只有使他人的"角色期望"和自己的"角色采择"一致，从而有助于他们去控制或改变自己的态度与行为，以达到改善人际关系和提高学习效率的目的，使现在的自己不断向理想的自己靠近。

3. 正确控制情绪

情绪不仅影响人的认知活动，而且对人的意志、行为和个性心理等起着积极或消极的作用，同时它还主宰人的健康，影响人际关系，影响学习和工作，以至于决定个人的成功与发展。高职生们面临着社会的巨大变革、环境和角色的改变，难免会产生不良情绪，若不及时疏导、控制和调试，轻者会陷入情绪低落或淡漠之中，重者则会产生恐惧、焦虑、烦躁等情感障碍，以至影响个人的适应与发展。因此，高职生应当正确地控制和调节好自己的情绪，使自己拥有积极、乐观、稳定的情绪。

常见的情绪控制与调节的方法有：行为补偿法、转移调节法、换位思考法、自我激励法、合理宣泄法等。

（二）合理规划目标

目标对于高职生的适应与发展具有重要的作用。当人们没有目标时，会感到迷茫和空虚；目标过低时，就会缺乏动力；目标过高时，又会因为达不到理想而失望。很多适应困难都与目标确定不当有关。要使自己能够成功地发展，必须为自己确立一个合乎实际的目标。

首先，应当根据社会发展和自我发展的需要，为自己制定一个远期目标。还要制定一个为实现远期目标所设立的近期目标，即短期内立即要做的事。目标的确立，应当从你自身的实际和客观的实际出发，比如，你的个性特点、能力以及客观条件，盲目地追随别人或社会时尚，不但不会获得成功，还会影响心理的平衡。

其次，还应随时根据变化的形势，及时做出调整。只要高职生能确立一个合适的目标，就会有行动的方向和动力，他的人生就会充满信心与活力。

（三）有效管理时间

"时间都去哪儿了？"一段时间以来成为人们不断追问的话题。天天感觉忙，人人都说忙，但却又不知道自己忙了什么。该读的书未读，该上的课未上，该交的作业未交，或者临时抱佛脚，倍感匆忙，却又不知道自己的时间用在什么事情上了，因此追踪你的时间是有效时间管理的重要一环。

下面介绍三种追踪时间的方法。

第一，在每一个小时结束后，都用一个小便条记录下"我是怎么样花费这一小时的？"不用太长。如果你花费时间的方式与你事先计划好的活动并不匹配，那一定要写下"这一个小时我到底干了什么？"这样会帮助你回顾自己使用时间的方式，提高效率。

第二，在一张纸上画出两栏，一栏写想要遵循的计划（想要做的事情）。另一栏写实际上时间的使用。这样对比效应明显。

第三，总结花费在某一类事情上的时间：比如，睡觉、学习、工作、旅游等。首先估计在一周内你想要在不同的事情上花费的时间，将一周的时间充满。然后在一周结束后，以小时为单位计算在这些事情上花费的实际的时间。然后与估计的时间进行比较。

为了更好管理时间，高职生要学会围绕个人目标制订周详计划，按计划行动。同时分清事情的轻重缓急。

高职生在校的时间，可以划分成学习时间（专业学习）、工作时间（参与社会工作，如班干、学生会或社团里的工作等）、休闲时间（休息、睡眠及体育活动）、家庭时间（与家人进行沟通交流）、个人时间（做自己感兴趣的事）和思考时间（独自思考某些问题）等。高职生可以根据事情的性质来进行时间安排。事情有两种性质，一是紧急性：分为紧急或不紧急的事情两个维度；二是重要性：分为重要或不重要的事情两个维度。按事情的"重要程度"编排行事优先次序，第一优先：重要且紧迫的事；第二优先：重要但不紧迫的事；第三优先：紧迫但不重要的事。第四优先：不紧迫也不重要的事。

高职生每天至少要有半小时到1小时"不被干扰"的时间。假如能有一个小时完全不受任何人干扰，自己关在自己的房间里面，思考一些事情，或是做一些你认为最重要的事情。这一个小时可以抵过一天的工作效率，甚至有时候这一小时比三天工作的效率还要好。

同一类的事情最好一次把它做完。假如你在做纸上作业，那段时间都做纸上作业；假如你是在思考，用一段时间只作思考；打电话的话，最好把电话累积到某一时间一次把它打完。当你重复做一件事情时，你会熟能生巧，效率一定会提高。

（四）培养自立能力

生活的实质就在于独立，世界上但凡有成就的人，没有一个人是不自立的。在现代社会里，这一点尤为重要。每个人都有一个独立的头脑，应该具有独立思考和独立处理问题的能力。日常生活的自我管理，社会生活中的各种矛盾，复杂的人际关系，都需要每个人独立面对，人不可能永远依赖于父母和他人。而这种独立处理问题和矛盾的能力不是天生的，主要靠在生活的实践中去培养、去锻炼。有的人害怕失败，遇到问题不是躲避，就是依靠能力比自己强的人，于是就与自立越来越远。只要尝试着独立去解决，无论结果是成功还是失败，个人都会得到锻炼。

（五）增强人际交往

人对环境的适应，主要是对人际关系的适应。拥有良好的人际关系，人才有支持力量，才有归属感和安全感，心情才能愉快。人际关系的建立既有认识问题也有技巧问题。首先，应该主动关心别人，主动为别人做一些事情。切忌自我中心。要搞好人际关系，就要学会从不同角度考虑问题，善于做出适当的自我牺牲。要做好一项工作，经常要与别人合作，在取得成绩之后，要共同分享，切忌处处表现自己，将大家的成果占为己有。提供给他人机会、帮助其实现生活目标，对于处理好人际关系是至关重要的。主动关心别人还表现在当他人遇到困难、挫折时，伸出援助之手，给予帮助。良好的人际关系往往是双向互利的。你给别人的种种关心和帮助，当你自己遇到困难的时候也会得到回报。其次，要胸襟豁达、善于接受别人及自己。要不失时机地给别人以表扬。但须注意的是要掌握分寸，不要一味夸张，从而使人产生一种虚伪的感觉，失去别人对你的信任；再次，与人交往要心理相容。每个人的长处短处各不相同，本着"求大同存小异"的原则，学习别人的优点，包容别人的缺点，你就会得到很多的朋友。

（六）采取积极行动

戴尔·卡耐基曾经说过：如果想要快乐，就为自己树立一个目标，使它支配自己的思想，放出自己的活力，并鼓舞自己的希望。快乐存在于每个人的心里，快乐来源于去做具体而明确的事，并把自己全部心思和活力都放在其中，即要积极地去行动。积极行动可以使高职生摆脱由于环境不适应带来的孤独、苦闷、烦躁、恐惧和空虚。当你对环境不熟悉、不满意时，只要你积极行动，为集体为他人做些事情，你就会逐渐熟悉了解环境，别人也从你的行动中了解你，你就会逐渐融入新的环境当中。积极行动会使高职生获得充实和愉快。当你全身心地投入到工作中去的时候，你就不会像往日那样去琢磨自己的心境。要知道，很多烦恼都来自自己的"冥思"。那些专心学习的高职生，是没有时间去"空虚"和"烦恼"的。为"活着太累"而烦恼的人，赶快积极行动起来，行动会带给你价值，行动会带给你心理的健康与欢乐。积极行动，意味着你要积极投入到学习和学校各项社会活动中去，积极投入到社会的各项实践活动中去。在这些活动中,提高了自我选择、自我决断、自我管理能力,也提高了处理各种复杂事务的工作能力。同时,也提升了自己的自信,完善了人格。

第三章　高职生的自我意识

第一节　自我意识的概念

一、自我意识

(一)什么是自我意识

自我意识是个人对自己存在、对自己及自己与周围事物关系的意识。它是人类意识形态中不同于社会意识的一种特殊形态,不是生来就有的,而是由于语言和思维的发展以及人类在社会实践、社会交往中对自身和环境有了一定的认识后逐渐形成和发展起来的。

自我意识的表现形式丰富多样,正因为如此,人们才可以通过多种途径来认识自己,识别他人。例如,“我是一个什么样的人?我将来要成为怎样的一个人?你喜欢自己吗?你满意自己在高职期间的成绩和付出的努力吗?你认为老师和同学对你的评价如何?他们是喜欢你还是讨厌你?”这些都属于自我意识的范畴。

(二)自我意识的内容

1. 对自身生理状态的认识和评价

也称生理自我,是指对自己身体、心理状态的认识和体验。如对身高、体重、相貌、身材、性别、疼痛等的认识和体验。生理自我是与生俱来的,我们需要客观接受,而不能主观改变。随着自我意识的发展,个体逐渐对生理自我有了明晰的看法和正确的认识。高职生处于青年期,经历了从不成熟到成熟的转变,对生理自我高度关注。如女生关注自己是不是更匀称漂亮,脸上是不是有痘痘,声音是不是很温柔；男生则关注自己的身高体型，甚至声音是不是有磁性。如果一个人不能客观对待生理自我，男孩嫌自己不高大威猛，女孩嫌自己不丰满苗条，就会讨厌自己，表现出自卑和缺乏自信。

2. 对自己和周围关系的认识和评价

也称社会自我，是指对自己在群体中的地位、作用及自我和他人关系的认识、评价和体验，包括个人对自己在客观环境中各种社会关系的角色、地位、权利、义务等的意识。高职生经常用"我不是小孩子了，我已经长大了"来表达自己的社会自我，期望社会给予积极的肯定和认可。如果一个人认为自己不善于和他人沟通、交流，周围人不喜欢自己，不接纳自己，找不到自己的知心朋友，就会体验到孤独和寂寞。

3. 对自身心理状态的认识和评价

也称心理自我，是指对自己心理活动、个性特点、心理品质的认识和体验，包括智力、情绪、性格、气质、兴趣爱好等。如，我的性格如何？我有兴趣爱好吗？我是不是太内向或者外向了？心理自我的产生标志着一个人的自我意识在功能上趋于完善。如果一个人对自己的心理自我评价低，嫌自己性格不好、智商不高、情商不高、自我控制能力差，就会否定自己，产生不良的情绪体验，影响个体的心理健康。

这三方面的内容体现了个体自我意识成长的自然历程和成熟的一般路径。美国实用主义心理学家詹姆士认为，人最先是从自己的身体知道自己的存在（生理自我）；而后与人交往，从他人对自己的反应以及自己的社会角色中体验出自己（社会自我），再后来，从生活的成败得失经验以及心理的发展逐渐形成心理自我。最终，个体形成自己的对自己、对他人、对社会独特的看法和体验。

二、自我意识的心理结构

自我意识的结构较复杂，它既是心理活动的主体，又是心理活动的客体，涉及认知、情感、意志等心理过程。概括起来主要包括自我认识、自我体验和自我调控三个方面。

（一）自我认识

1. 自我认识的内涵

美国成人教育家卡耐基曾对纽约500次电话的通话记录进行调查，结果发现，在通话中出现得最多的是“我”字。人们通常会在电话中说“我要”“我想”“我打算”“我希望”等。这个看起来如此熟悉的“我”或“自我”，对于我们来说，又是最陌生、最疏远的。正如德国哲学家黑格尔所说：熟知非真知。无独有偶，中国人的谚语“人贵有自知之明”也表明，认识自我是一件非常困难的事情。

自我认识是自我意识的认知成分，就是自己对自己的认识，包括主我（I）与宾我（me）。自我认识过程中主我与宾我的统一，增加了自我认识的难度。自我认识的内容主要是自我意识的内容，即对生理自我、社会自我及心理自我的认识。如“我是一个什么样的人”“为什么我会是这个样子”等问题。

2. 自我认识的途径

高职生可以通过多种途径自我认识。从现实行为出发，将以往的经历与现在的自我联系起来，通过反省进行自我分析：这件事情我完成了吗？完成结果如何？我付出努力了吗？我是不是尽量发挥自己的长处了？

通过他人的反馈也是认识自己的途径：我是不是真的如别人所说“自私”“懒惰”。可以通过周围人的反馈认识自我，但需要注意的是对于别人的反馈与建议要辩证地看待，适当吸取，因为每个人的立场和思维方式不同，可能会导致比较大的反差。

还可以通过与他人比较认识自我。我参加的课外活动是比别人多还是少？我是不是勤奋，比人家用在学习的时间多，还是少，还是一样？正如古人所说“以人为鉴，可明得失”。

（二）自我体验

自我体验是自我意识的情感成分，它以体验的形式表现出人对自己的态度。如“我是否满意自己”“我是否接受自己”“我是否悦纳自己”。自我体验包含多种形式，如，自尊、自信、自卑、责任感、义务感等。个体的自我体验是在与他人的比较中,通过自我评价而获得的。对自己的积极评价,体验到的是积极情绪,表现出的自我体验形式就是自尊、自信等;反之,对自己的消极评价,体验到的是消极情绪,表现出的自我体验形式就是自卑、不自信。

(三)自我调控

自我调控也称自我控制,是自我意识的意志成分。自我调控含义有两个要点,其一是指自己对自己的控制,即"无外界监督""没有外部限制";其二是指对自己认知、情绪和行为的调控能力,如"我如何控制自己的情绪""我如何成为大家公认的好班长"等。自我调控表现形式多样,如自主、自律、自强、自我监督等。通过自我调控个体可以对自己的行为活动、自己对自己及对他人的态度进行适时的调节,完善自我。

三、自我意识的形成与发展

自我意识作为一种心理现象,并不是一出生就具有的。它是在社会交往的过程中,伴随语言和思维的发展而逐渐发展和完善起来的。从其形成到发生发展直至相对稳定,经历了 20 多年的时间。在每一个不同的年龄阶段,自我意识的发展侧重不同。

(一)生理自我形成期(1~3 岁)

刚刚出生的婴儿没有自我意识。到 1 岁左右,婴儿能够区分自己的动作与动作对象,之后可以把自己与自己的动作区分开了,出现了"客体永久性",意味着自我意识的萌芽。

婴儿 2~3 岁时成为活动的主体,能有意识地用第一人称"我"来表达自己的意愿,开始能够意识到自己的行为的后果及家长对自己的态度,意味着自我意识的形成。

(二)社会自我形成期(3~12 岁)

这段时间是个体接受社会影响的重要时期,也是个体实现社会自我的最关键的阶段。儿童的游戏与学校生活,往往是成人社会生活的缩影,特别是儿童通过学校中的社会化生活，加速了他们社会自我的形成过程。幼儿期，个体开始发展评价及自我评价能力，但是这时候的自我意识多是生理自我的反映。如一个幼儿园的孩子说："我4岁了，我是男孩，我长得高，我会自己系鞋带了。"这些特征都是生理自我的累积。儿童的自我意识较学前阶段有了进步，能够用比较抽象的心理术语评价自己。如一个二年级小学生在回答自己是一个什么样的女孩子时，她是这样说的"我是一个聪明、活泼、开朗、乐观、爱臭美的小女孩"。

(三)心理自我发展期(12~18岁)

儿童进入青少年期，自我意识的发展有了质的变化，独立性、自觉性都有了迅速发展，并开始深入自己的内心世界。一个初四男生说："我喜欢张杰，他很酷，能够参加他的音乐会，得到他的亲笔签名，是我的愿望。我自己长得挺帅，很多人都愿意和我一起玩。学习上我挺有计划的，做事情能坚持到底，我一定要考上高职啊。"这个中学生说的每句话都涉及心理自我，但是初中生的自我意识仍是相当肤浅和表面的。

(四)自我意识分化、矛盾、统一和稳定时期(18岁以后)

青年期是自我意识发展的关键时期。这一阶段，自我意识经过分化、矛盾和统一，逐渐成熟。经过这一阶段的发展，个体可以清晰地意识到自己的内心活动，客观全面的意识自己的心理品质，正确感知自己的社会角色，并能调节自己以适应社会的发展。高职生正处于自我意识发展关键期这一阶段，渴望认识自我，完善自我。

第二节　高职生的自我意识及特点

一、高职生自我意识的发展

高职生正处于青年中期，是自我意识发展的关键时期。成长于中国社会快速发展阶段的"90后"高职生，是中国历史上自我意识最为强烈的一群年轻人，他们不喜欢集体标签和比较,普遍有一个强烈的愿望:“我就是我,我是一个不同的人”。他们更多地关注自我成长,更加注重自我探索,其自我意识正在经历着分化、统一、发展的过程。每一次分化与统一,都意味着高职生的自我意识在质上的一种转化和提高,和谐的统一标志着高职生在心理上逐渐走向成熟、稳定和健康。

(一)自我意识的分化

个体进入高职以后,慢慢脱离了成人的照顾,自我活动空间较大,对家长的依附程度较弱,自我意识水平开始提高。此时,高职生需要在他人与自身的比较中重新审视自己,对自己的内心世界和外部行为、对自己的角色和责任有了新的认识;同时,随着知识的增长、自主学习能力的增强,他们的自我意识进一步分化,一个完整的自我一分为二,成为两个不同的“我”。可以说,自我意识的分化是自我意识开始走向成熟的标志。

从自我观察的角度,高职生的自我意识的分化可以分为“主我”(我是谁,我是干什么的)和“宾我”(别人如何评价我,对我的态度如何等)。处在观察者地位的是“主我”,被自己观察的是“宾我”。这样,高职生既是自我的观察者,又是被观察的对象。这就为高职生客观地评价自己和他人,合理调节自身的行为和活动奠定了基础。

从自我发展状况的角度,高职生的自我意识分化为“理想自我”和“现实自我”。“理想自我”即对自己未来的设想,“我希望自己成为怎样一个人”;“现实自我”即自己当前的形象和实际水平,“我现在是怎样一个人”。

(二)自我意识的矛盾冲突

个体的自我意识是在外部环境的影响作用下,通过自我的主观努力形成的。自我发展的历程是一个主观与客观,个体与环境双向互动的过程。高职生正处于心理迅速成熟、又尚未完全成熟的时期,自我意识还在不断发展中,在复杂多变的社会环境的影响下,如果缺乏正确的引导和自省,容易出现各种偏差,出现以下几个方面的矛盾冲突。

1.“理想我”与“现实我”的冲突

理想我是指自己希望成为的那个我,现实我是指生活中实际的自己。高职生意气风发，对未来充满希望，具有较高的理想信念，但是由于学校学习和生活环境单一，社会阅历及社会经验不足，因此自我评价相对片面，导致理想自我与现实自我之间产生较大的差距。当个体能够接受理想我与现实我之间的差距时，自我意识处于健康状态；反之当个体不能接受理想我与现实我之间的差距时，个体会产生强烈的挫折感。

2. 独立意识与依附心理的冲突

“90后”“00后”是传统向现代过渡的一代人，他们一方面继承了父辈的传统思想，另一方面又通过网络了解外面的世界，思维很活跃，属于“玩得酷也靠得住”。他们希望能在经济、生活、学习、思想等方面独立，摆脱成人的管束，自主处理所遇到的一些问题，承担自己的社会责任。但他们在心理上又希望成人的理解与支持，无法真正做到人格上的独立。他们常常用“我就是我”来开启和结束对话，以此来体现自己的独立自我，完全不顾社会规范，其负面影响导致一部分高职生不讲原则、不择手段的追求自我发展，这已经成为影响高职生自我意识发展的重要方面，这种独立意向与依附心理的矛盾也一直困扰着他们。

3. 交往需要与自我闭锁的冲突

高职生迫切需要友谊，渴望理解，追寻归属与爱的需要。日常生活中，他们希望能向知心朋友倾吐对人生和生活的看法，盼望能有人与其分担痛苦，分享欢乐。但同时他们又存在着自我闭锁的倾向，许多人往往不愿主动敞开自己的心扉，而把自己的心灵深藏起来，在公开场合很少发表个人的真实意见，宁愿写到网络空间而不公开，甚至有一些莫名其妙的话来表达自我。他们在与他人交往时存有较强的戒备心理，总是有意无意地保持一定距离，正是这种交往需要与自我闭锁的矛盾冲突，使得不少学生备受“孤独”的煎熬。

4. 自信心与自卑感的冲突

高职生刚刚考上高职时受到老师、家长、亲朋好友的赞誉，同辈人的羡慕，这样的声音听多了，优越感和自尊心都很强，对自己的能力、才华和未来都充满了自信。许多高职生发现“山外有山”，尤其是当学习、文体、社交等方面显露出某些不足时,有些高职生就会陷入怀疑自己、否定自己的不良情绪中,逐步产生自卑心理。在这些高职生的内心深处,自信心和自卑感常常处于一种冲突状态。

应该说,高职生自我意识分化而引起的矛盾冲突是正常的,它激发了高职生奋发进取的积极性,加快了现实自我的发展,是高职生心理迅速走向成熟而又未真正完全成熟的集中表现。

(三)自我意识的协调统一

自我意识分化所带来的矛盾及由此产生的痛苦不安促使高职生去努力解决矛盾而求得自我意识的统一。这种统一主要表现为"理想自我"与"现实自我"的统一。其途径一般有三条:一是努力改善现实自我,使之逐渐接近理想自我;二是修正理想自我中某些不切实际的过高标准,并改善现实自我,使两者互相趋近;三是放弃理想自我而迁就现实自我。

一般来说,自我意识的统一会出现以下三种情况。

第一种,积极的统一,即"现实的自我"能与正确的"理想自我"趋于一致,并转化为积极的自我。这样的高职生对现实自我的认识比较清晰、客观、全面、深刻,理想自我比较正确、积极,既符合社会要求也符合自己的实际,是经过努力可以达到的。统一后的自我既适应社会发展的需要又有助于自身的健康成长。

第二种,消极的统一,即牺牲"理想自我"而趋同"现实自我"以达统一。消极的统一可分为两种类型——自我否定型和自我扩张型。这样的高职生对现实自我的评价或者过低或者过高,对理想自我或者觉得高不可攀或者认为实现轻而易举,这种统一既不适应社会也无助(甚至有害)于心理发展,容易产生心理问题或者心理疾病。

第三种,难以统一,即由于理想自我和现实自我无法协调,使自我意识难以由矛盾达到统一。难以统一也可以分为两种类型——自我矛盾型和自我萎缩型。自我矛盾型的高职生自我意识矛盾强度大,延续时间长,内心始终充满着矛盾和冲突,自我意识难以统一,新的自我无从确立。自我萎缩型的高职生,则极度自卑,认为理想自我难以实现甚至无法实现,于是放弃对理想自我的追求,但对现实自我虽深感不满,却又觉得无法改变,因而自我难以统一。自我意识难以统一的个体,往往内心苦闷,忧心忡忡,产生强烈的失落感和失败感。

二、高职生自我意识的特点

(一)关注自我发展,自我评价趋于客观

高职生在校学习的时间是知识技能的准备时间,是进入社会的缓冲阶段,有机会和可能经常反思,反省一些有关个人发展、个人与社会的关系问题,如:我聪明吗?我的风度如何?别人会怎么看我?我性格如何?我将成为什么样的人?我怎样实现自我价值?……能自觉地把自我的命运与国家、社会、集体的命运结合起来,考虑如何为社会服务。

由于知识增多,生活经验扩大,思想逐渐成熟,大多数学生对自己的认识、评价基本与外界一致,变得客观、全面。

(二)自我体验丰富而强烈

高职生的自我体验可以说是各种社会群体中,或者在他们的一生中是“最善感”的阶段。一般的情绪情感基调是积极的、健康的。大多高职生喜欢自己,满意自己,自尊、自信、好胜。但他们也是敏感的,凡是涉及“我”和与“我”相联系的事物,都常常引起他们的情绪情感反应,并且愿意把自己的情感体验闭锁于内心。他们的体验具有一定的起伏、波动——有了成绩,肯定自己,甚至骄傲自满,甚至忘乎所以;一遇挫折就否定自己,悲观失望,甚至自暴自弃,有明显的两极情绪。

(三)自我调控的自觉性与独立性

随着知识的积累和生活阅历的增加,高职生能够根据别人的评价对自己的行动结果进行反思,及时调整自己的行为以实现既定的目标,体现了自我调控的自觉性。

另外,高职生关于“我”的形象已经改变,不再是“中学生”那样的自我形象,而是一个有着一定知识才能的高职生形象,成人感特别强烈。因而希望摆脱依赖和管束,强烈要求独立和自治,体现出自我调控的独立性。

三、高职生常见的自我意识问题

高职四年是个体人生转折期，是自我意识完善的关键阶段。但是由于高职生活环境的变化，压力的逐渐增多，因此容易出现与自我意识相关的诸多问题。高职生常见的自我意识问题主要表现在以下几个方面：

（一）自我中心

自我中心指对环境和他人的认识是从自己的视角出发，不能站在他人的立场考虑问题。心理学家皮亚杰的三山实验形象地说明了幼儿强烈的自我中心倾向。如幼儿玩游戏时，就好像“一叶障目”，他看不见你了，就认为你也看不见他了。随着年龄的增长，个体逐渐学会观点采择，自我中心倾向降低，能够从不同的角度思考问题。但也有少数人的自我意识仍然停留在自我中心化时期。在高职阶段，高职生强烈关注自我，更可能从自我的角度去认识和评价事物或采取行动，容易出现自我中心的倾向。当这种倾向和自私自利、过度自尊等不良思想和心理结合在一起时，就表现出极度的自我中心，对个体自身、他人乃至社会造成消极的影响和危害。例如和同学相处时不能为他人着想，总认为自己是对的别人是错的，难以获得他人的认同和信任，人际关系比较恶劣，严重者可能会出现复旦高职学生投毒事件，造成极为恶劣的后果和社会影响。

（二）过度自我防御

弗洛伊德的精神分析理论认为，自我防御是人无意识中一套自动发挥作用的、非理性的、应对焦虑的心理适应过程。当个体体验到焦虑、心理冲突和挫折时，可以通过在无意识中否认或歪曲现实的方式协调本我、超我与现实的关系，从而降低焦虑。

自我防御机制的适当使用有利于认识自己，降低自罪感，提高自身的控制感。在自我认识和接纳的同时，也增加对他人的了解与接纳；但过度使用或使用不当，则会造成焦虑、抑郁等心理问题。正如弗洛伊德所说：“我们知道，人们的禀赋各异，承受、应对文化要求的能力，各有其不同的限度。苛求于已超过其本性所能承担，则将为心理症所苦。如果人们多容忍些自己的‘不完美’，日子就会好过得多。”

(三)极端的自我体验

高职生对刺激的反应敏感，情感体验也很丰富。在涉及自我时，他们的体验可能是极端状态——自卑与自负。

自卑感是个体对自我的不满和否定的一种情感，往往和自尊心经常受挫联系在一起。在学校生活中，高职生之间进行竞争，争抢荣誉，这是正常的，也是不可避免的。高职校园是人才聚集的地方，高职生在某些方面有自卑的倾向和感受，也是很正常的。但有的同学夸大自卑，片面强调自己的缺点和不足，结果是因自卑而心虚，因自卑而胆怯，一旦遇有挑战性的场合就会选择逃避退缩，或者对自己所作所为过分夸张，其结果就是形成了虚假而脆弱的自我意识。

自卑是高职生常见的问题之一，由于不能客观地认识人与人之间的差异，从而产生消极、悲观的情绪，这不利于自我的成长。

与自卑相反的是自负。这种人对自己的认识都是积极的，且放大自己的优点，甚至把缺点也视为优点，如把自己的脾气乖张说成是直爽。对他人的认识则相反，不容易看到他人的优点，反而放大他人的缺点。在人际交往中属于“我行，你不行”之人。由于对自己认识的偏差，容易对自己提出不合实际的要求，总是“眼高手低”，但却盲目乐观、自傲；与他人相处时，人际关系紧张。

(四)追求完美

完美主义表现出两个方面，积极的一面包括为自己设定高的标准；消极方面包括对过失过分关注、疑虑，以及对别人的完美感有压力。进入高职后，高职生的心中充满多种向往，对自己的发展也提出了多种要求。如果要求合理，并坚持完成，对自我的发展是有促进作用的；相反，如果提出的要求不合理，则会阻碍自我的发展。高职生大部分过度追求完美，对自己要求十分苛刻，大部分无法完成，容易阻碍个体自我意识的完善。

第三节　高职生自我意识的完善

自我意识是一生的发展任务，而高职阶段是自我意识发展的关键时期。只有正确认识自己，合理规划人生，为理想自我而不断奋斗，并能接纳不完善的自我，才能最终实现自我和谐。

一、健全的自我意识的标准

自我意识对人的心理健康有重要作用，它能够影响个体对经验的解释和期望水平，并且可以改善主体的生活状态，引导和调控主体成长成才。健全的自我意识有如下标准。

自我意识健全的人，是有自知之明，既了解自己的优点，又明白自己的缺点，能正确进行自我评价的人。

自我意识健全的人，是自我认知、自我体验和自我调控协调一致的人。

自我意识健全的人，是能积极自我肯定、独立，理想自我与现实自我相统一，有积极的目标意识和内省意识，积极进取，永无止境。

二、完善自我意识的策略

（一）正确认识自我

人无完人，金无足赤，尺有所短，寸有所长。生活中每个人都有自己的优点与缺点。首先，在自我认识的过程中不能只看到自己的优点，而忽视或回避自己的不足之处，也不能只注意自己的缺点，而忽视自己的长处。只有正确地认识自己，才能取人长处，补己短处。

其次，要善于分析与反省自己。选择较正规的心理量表进行测量，对自己的心理特征有个大体把握，分析自我心理特征上的优势与不足，使“生理自我”“心理自我”“社会自我”三者协调统一。

（二）自觉调控自我

自我调控是人根据客观环境主动调节自己的心理品质、特征及行为的心理过程，是高职生健全自我意识的根本途径。很多高职生对自我抱有极大的期望，但是没有足够的意志能力，经受不住挫折和打击，最终出现自卑自怨、自暴自弃等不良自我意识。

人本主义心理学家马斯洛在研究人的自我实现时，提出了调控自我的7点建议：把自己的感情出口放宽，莫使心胸像个瓶颈；在任何情境下，都尝试从积极乐观的角度看问题，从长远的厉害做决定；对生活环境的一切多欣赏，少抱怨；有不如意之处设法改善，坐而空谈不如起来实行；设定积极而有可行性的生活目标，然后全力以赴求其实现，但不能期望未来的结果一定不会失败；对是非之争辩，只要自己认清真理正义之所在，纵使违反众议，也应挺身而出，站在正义一边，坚持到底；莫使自己的生活僵化，为自己在思想与行动上留一点弹性空间，偶尔放松一下身心，将有助于自己潜力的发挥；与人坦率相处，让别人看见你的长处与缺点，也让别人分享你的快乐与痛苦。

高职生可以通过制定适宜的目标实现自我控制。例如，给自己制订一个学期计划，详细列出自己要学习的内容和需要做的事情，并按学期计划去完成；给自己找一个榜样，以榜样激励自己；当自己达到预期目标的时候，可以自我奖赏。

（三）积极悦纳自我

悦纳自我就是对自己的本来面目持肯定、认可的态度。这包括肯定和满意自我，承认和接受自我。

个体对自己是喜欢还是讨厌，不仅是衡量心理健康的一条标准，也会影响到生理健康。心理学研究表明，长期无法悦纳自己的人，大脑皮层处于抑制状态，愉悦感减少，内分泌系统功能受损，进而引起免疫力下降，会出现多种与内分泌及免疫系统相关的疾病。因此，要坦然接受不完美的自己和生活中的一些缺憾与不足。

第四章　高职生的人际交往心理

第一节　高职生人际交往概述

生活由错综复杂的人际关系所组成,人生是在错综复杂的人际交往中得以发展的,如果一个人脱离社会,把自我封闭起来,将会影响他生活的许多方面。究竟什么是人际交往呢?当代高职生的人际交往有何特点?我们如何把握人际交往的技能或技巧,消除人交往中的诸多问题呢?这将是我们本章要讨论的问题。

一、人际交往的含义与类型

(一)人际交往的含义

人际交往是人在共同的社会活动中,通过人与人之间的相互接触、互通信息、交流情感,以达到相互了解、彼此吸引、满足精神需要,实现自我价值的社会心理现象。人际交往是人类活动的一种最基本的形式。通过人际交往,形成了人与人之间的好恶感以及排斥或吸引等心理关系,这种关系即人际关系。

人际交往包含两个方面的含义。从动态的角度说,当我们提及人际交往时,意指人与人之间的信息沟通过程。人与人之间一切直接和间接的相互作用都超不出信息沟通范围。当我们与别人交谈,用眼神、表情或其他身体动作来表达我们的意见、情感或态度时,我们就是在与别人进行信息沟通。从静态的角度说,人际交往指人与人之间通过动态的相互作用形成起来的情感联系,亦即通常所说的人际关系。这种关系是通过直接交往所产生的情感的积淀,是人与人之间相对稳定的情感纽带。

（二）人际交往的类型

作为高职生的人际交往活动，依据不同的分类标准可分成不同的类型。以交往对象的不同，可以划分为师生交往、同学交往、异性交往、网络交往等。

1. 师生交往

教师是高职生人际交往的重要对象。师生交往是建立“良师益友”关系的主要渠道和重要保障。教师既是知识的传授者，也是学生人生的导师，是学生人格模仿的对象。但是，由于高校的特点，高职教师与高职生的接触不像中小学那样频繁，课外时间师生交往不多，主要以课程学习为平台的教学内容上的传播和研讨为主，从过程上看，以教师讲、学生听为主要形式，师生之间缺乏必要的情感交流，不利于建立“全方位”的融洽师生关系。因此，加强师生的对流性和交往内容的多样性，十分有利于高职生交流能力的培养和造就。

2. 同学交往

同学是高职生人际交往最基本、最集中的对象，高职生与同学的交往最普遍、也最复杂。一方面，同学间年龄相近，兴趣、爱好相似，又在一个集体中学习和生活。因此，比较容易相处。另一方面，同学间在生活习惯、个性等方面又存在着一定的差异，加之交往频率过高、同住一个屋檐下，空间距离过小，在交往过程中难免会发生这样或那样的矛盾冲突。而高职生对友谊的渴求十分强烈，对人际交往的期望比较高，一旦需求得不到满足，又容易对人际交往产生消极的态度。

3. 异性交往

在高职里，高职生的生理和心理随着时间的推移都迅速发展起来，他们的性意识增强，性心理活跃，渴望与异性交往。但由于心理发展不够成熟，人生阅历有限因此，在与异性交往中常常出现情感多变、交往不顺的现象。要改变这一现象，首先，要正确认识与异性的交往，抱着相互学习、相互进步的想法大胆地与异性交往。其次，在与异性交往中要相互学习、取长补短、增进友谊、共同进步，通过交往使自己在思想上和心理上尽快成熟起来。最后，要正确对待友情和爱情，慎重处理友情和爱情的关系。当爱情来到你身边时，也要谨慎从事。

4. 家人交往

在高职期间,由于高职生自我意识的不断发展,以及离家求学等原因,高职生与家人特别是父母的交往在内容和形式上都发生了很大的变化。在内容上,他们能与父母一起探讨理想、人生观、价值观等方面的社会问题。从这个阶段起,高职生的成人感增强,他们不再一味地听从父母之言,而是对父母的话有了自己的判断能力和评判标准。有时.还有可能与父母在一些问题上产生分歧。遇到这种情况,应该首先虚心听取父母的意见,对他们的意见进行全面深入的分析,设身处地为他们着想,通过给他们做耐心细致的思想工作来达到与父母沟通的目的,消除同父母的分歧。

5. 他人交往

他人主要指教师、同学、家人之外的学校其他成员、校外社会成员以及网络虚拟成员等,一方面,作为即将走上工作岗位的高职生,未来工作所需要的实践经验与其自身的成长要求,使其与其他人交往成为自然而必需的内容之一;另一方面,学校已不再是象牙塔中封闭的知识群体,而是社会复杂网络中的重要组成部分,与社会插着无数连通器,社会上一有“风吹”,学校就“草动”。

6. 网络交往

网络人际交往是人们在网络空间里进行的一种新型人际交往方式。网络交往表现出交往角色的虚拟性、交往主体的平等性、交往心理的隐秘性、交往动机多样性、交往过程的弱社会性和弱规范性等特点,给高职生的生活方式、价值观念带来的挑战和改变是前所未有的。

二、高职生人际交往的功能与意义

高职生人际交往是指高职生之间以及高职生与其他人之间为了相互传达信息、交换意见、表达情感、需要等目的,运用语言、行为等方式而实现的互动过程。作为一个特殊群体,高职生人际交往具有独特的功能与现实意义。

(一)高职生人际交往的功能

1. 合力功能

常言说“一个好汉三个帮”“三个臭皮匠,顶一个诸葛亮”。中国这些世代相传的名言早已说明了人际交往会产生合力的功能。实际生活中,我们随时随地都在进行的各种各样的相互配合协作的活动,无不包含着合力功能的奥妙。

2. 互补功能

“三人行,必有我师”。这句古语一直在指引我们在人际交往中取他人之长,补自己之短。人际交往可以在知识、思想、性格、才能、情感等许多方面形成互相取长补短的功能,这种互补功能对于人的发展特别是高职生的发展是很有价值的。

3. 激励作用

在人际交往中,通过相互了解、比较、刺激和影响会产生一种鼓舞激励的作用。有时候,这种通过交往而产生的激励作用是非常强大的,能够让人敞开心扉,走出低谷,重新开始生活。

4. 沟通感情

人际交往还有一个重要功能就是交流感情,沟通心灵。人的感情需要宣泄,也需要交流,这样才能维持心身的健康,感受生活的美好,尤其是感情的联系。而且人与人之间有了感情,加深了感情,会更加有利于在人际交往和关系中发挥合力、互补和相互激励的功能。

(二)高职生人际交往的意义

1. 人际交往有助于促进高职生的社会化进程

人际交往是高职生社会化的必经之路。每个人的社会化进程都是在人际交往中进行的。对高职生来说,他们特别热衷于参加同辈群体的交往活动。这类以感情、兴趣爱好为基础结成的同辈伙伴,由于同处一个年龄阶段,面临着共同关注的人生发展和社会化问题,有着基本相似的目标、兴趣、爱好,对高职生社会化的影响往往超过家庭。随着人的成长,学生获得更丰富的信息,保持与社会的联系,明确和承担高职生的社会责任，自立于社会，取得社会认可，成为一个成熟的、社会化的人。

2. 人际交往有助于促进高职生深化自我认识

人总是以他人为镜认识自己的，通过与他人的交流和比较，把自己的行为、形象反射出来并加以认识。首先，人以他人为镜，从与别人的比较中认识自己的，从对别人的认识中来形成自我表象。其次，人们还通过他人对自己的态度和评价，以及自己与他人的关系中认识自己的形象。别人是尊重、喜爱、赞扬你，还是轻蔑、讨厌、疏远你？这常常成为认识自身的尺度。高职生常常从别人对自己的反应、态度和评价中，发现自己的长处和短处，找到自己恰当的社会位置，并参照别人的评价来客观地认识自己。离开一定的人际交往，就无法弄清这一点。因此，高职生很有必要多方位、多层次、与更多的人交往，深化自我认识，促进自身发展。

3. 人际交往是高职生个性发展与完善的桥梁

一个人的个性除了受先天遗传因素影响外，更重要的是后天环境的影响。如果长期生活在友好和睦的人际关系中，人的个性就会变得乐观、开朗、积极、主动。高职是人的个性人际交往的时间和空间越大，人的精神生活就越丰富，得到支持与帮助的机会就越多，越能保持心理平衡。通过交往，可以获得更广泛的友谊、支持和理解，得到内心的慰藉，提高自信和自尊，增强自我价值感和力量感，有助于降低或消除挫折感，缓解内心的冲突与苦闷，减少孤独感、失落感。但是，如果人际交往的需要得不到满足，会增加高职生的挫折感，引发内心的矛盾与冲突，情感上的孤寂、惆怅、空虚就会经常出现，从而带来一系列不良的情绪反应。而不良的情绪作用于生理活动，将会成为各种疾病的催化剂，削弱人的抗病能力，使正常机能减退，并且削弱神经系统的工作能力，导致心理障碍。

4. 人际交往是高职生获得知识的重要手段

孔子曰："独学而无友，则孤陋而寡闻。"也就是说，人与人之间的接触与往来，不仅仅是相互间的联系，而且更重要的是信息的交流。高职生学习知识，少不了互相交流，互相沟通。也正是在这种沟通中，产生了灵感，获得了信息，对彼此的学习和生活都起到积极作用。

5. 人际交往是高职生心理保健的重要途径

社会交往是人的基本需要之一。人的这种需要如果无法得到满足,就会产生孤独感,内心就会感到空虚。不少心理学家和社会学家曾对孤独感做过许多研究。美国心理学家哈娄等人的实验将猴子置于不锈钢的房子里,温度适宜,空气流通,清扫和喂养等一切工作都是自动化的,亦即隔绝了猴子的一切交往活动。经过一段时间的“社会剥夺”研究发现,被隔绝交往的猴子远比正常情况下的猴子有更恐惧的反应。它们在情绪和交往行为上受到了损害,精神上是不完善的,对人的研究同样发现了这种结果。例如,孤儿院的儿童,他们常是平静而孤单地生活,得不到正常儿童应有的爱抚,更缺乏良好的社交机会,所以不仅在智力发展,尤其是在言语能力发展上低于同龄正常儿童,而且社交能力更差。由此,我们可以发现,交往也是维持人心理健康的基本需要。

第二节　高职生人际交往的特点及影响因素

一、高职生人际交往的特点

高职生的人际交往具有一般人际交往的共性,也具有与其他社会成员人际交往不同的特点。

(一)迫切性与开放性

迫切性是指高职生在人际交往的需求方面具有急切性的特征。处于青春期的高职生,随着高职生生理、心理的逐渐成熟,他们的交友需要日益迫切;入学后环境的改变使得他们有迫切适应新环境、结识新朋友的需要;另外,择业的自主性也使得当代高职生有迫切与人沟通、多方面获取信息的需要。

开放性主要表现在:一是高职生的交往范围进一步扩大了。高职生的交往范围由原来的家庭、班级、宿舍扩展到了不同院系、不同学校、不同地区甚至不同国家,由原来的亲戚、同班同学、室友延伸出校友、社(团)友、老乡等多种新型的人际关系,使交往对象不断丰富、范围不断扩大。二是高职生的交往方式更加多样。除了传统的面谈、通信等交往方式以外,现代化的通信设备使高职生的交往方式变得更加便捷了,如手机、网络等。三是体现在与异性的交往上。由于社会的发展和来自多方面的相关因素的影响,正处于青春期的高职生随着生理的成熟以及性意识的产生,对于爱情特别关心和敏感;加之高职生们对校园里广泛的异性交往大多持认同态度,与以往的高职生相比,当代高职生异性之间的交往呈现出明显的开放性特点。

(二)自主性与主动性

自主性是指高职生的交往具有较强的个人意识,自我观念的指导已成为他们之间交往的主要影响力。高职生之间的个性差异很大,在交往中呈现出较强的个性色彩,他们相互影响又互为独立个体,在心理上存在较强的独立感。另外,过去的人际交往常常受情绪的影响,随着社会经验以及心智的成熟,高职生不但学会了控制交往过程中的情绪,而且个人自由选择的能力增强,强迫或被动的成分很少。他们开始学会运用自己的眼光来观察、分析与认识世界,并强烈地渴望摆脱家庭、师长及一切权威的说教式束缚。这种鲜明的倾向形成了当代高职生人际交往的自主性特征。“我就是我自己”“我谁也不相信,我只相信我自己的感觉与判断”,这种宣言式的标榜集中体现了当代高职生在处理自我与周围环境关系时的自主性。

主动性是指高职生的人际交往大多是在强烈独立意识驱使下的交往,是满足内部需求的行为。他们对友谊、爱情的需求却比任何时候都强烈。他们渴望独立,渴望摆脱依附,但更怕孤独与寂寞。这种矛盾的心态,形成了其人际交往中的主动性特征,这一主动性的出现,是与其对人际交往价值认识的提升有着直接关系的。在当代高职生的观念中,交往已不仅仅是可有可无的事情,也不仅仅是追求个人情感归属的一种手段,而是一种个人在现代社会生存的方式。因此,交往受到当代高职生的高度重视与青睐,追求人际交往的高超技巧与手段,提高人际交往的能力,已成为当代高职生的时尚追求。

（三）多样性与虚拟性

多样性是指高职生交往对象、渠道和手段的多样性。现代高职生思想活跃、情感丰富、精力旺盛以及兴趣广泛，使得他们常常跨班级、跨年级、跨专业、跨性别地进行多方面交往。与此同时，很多高职生还借助于实习、实训及社会实践的机会逐步将交往范围扩大到社会上。他们在建立和发展自己的人际关系时，除了直接面对面的交流方式以外，电话、短信、网络等方式已逐渐成为交往的主要形式。

虚拟性是指通过网络进行交往已成为高职生交往的重要组成部分。特别是随着互联网的普及，越来越多的高职生习惯用网络的方式来建立和维护自己的人际关系。调查发现，通过上网交友的高职生占 80%，有相对较为固定网友的占 15%。几乎所有在校高职生都有自己的邮箱地址和 QQ 号，他们还常常去自己的网上班级与同学交流，到相应的微博论坛上发表自己的观点和看法。个人有了更多的机会表达自己的观点和看法，“结交”各式各样的朋友。

（四）实惠性与波动性

实惠性是指高职生的交往逐渐由传统的理想性转变到以实惠为主要的价值取向上。高职生的经济压力相对较小，人际交往的动机相对较单纯，情感的因素占绝大多数。他们在交往中真诚、坦率、注重的是精神方面，因此，对人际交往抱有较高的期望值，具有一定的理想化因素。

波动性是指高职生的交往易于发生变故现象，具有较强的不稳定性。高职生的心理发育还没有成熟，自我意识的增长与认知能力发展仍不协调，情绪经常处于不稳定状态，自己意愿得到满足时可以欢呼雀跃；一旦失败，又可能垂头丧气，情绪一落千丈，陷入焦虑、悲观的情绪状态。因此，这种情绪波动导致高职生人际交往经常处于不稳定状态，具有较大的波动性。

（五）平等性与不平衡性

平等性是指高职生期待交往的双方彼此尊重，相互容纳；不能接受一方委曲求全，一方居高临下。即使是师生，他们也期待对师长的尊重得到师长平等的回报。实践证明，平等交往的需求使得那些谦和、真诚、善解人意、通情达理、乐观向上的人成为高职生乐意交往的对象。

不平衡性主要体现在当代高职生贫富的差别上。由于学校招生制度的改革，学生的学费大幅度提高，有些学生特别是下岗职工和贫困家庭的高职生，和那些家庭、经济等各方面条件都比较优越的高职生在人际交往中形成两个不同的群体。有调查显示，经济上的拮据使得前者在人际交往中较多的表现为被动、性格内向等，甚至个别学生还会由此产生自卑、孤僻等心理。

二、影响高职生人际交往的因素

（一）影响人际交往的外在因素

影响高职生人际交往的外在因素包括生活环境、文化背景等宏观因素外，还有与高职生成长关系更为密切的微观因素。

1. 集体生活环境

集体生活环境为高职生的交往提供了条件，但也常常成为矛盾冲突的根源。来自不同地区、不同家庭的不同个性、不同习惯的几个人，住进了同一个宿舍，同在一个班级学习，有时很难彼此适应，为了一点儿小事如打水、扫地等而发生争执，引发冲突进而导致交往受阻的现象并非少见。因此新的环境要求高职生从原先较简单的人际关系向新的较为复杂的人际关系过渡时，要摆脱以自我为中心的思维方式，正确处理新环境的人际关系。

2. 文化背景

首先表现在语言上。人际交往中，最经常使用、最基本的手段是语言。语言是心灵的窗户，是人们用来交流思想、情感的一种符号，是人际沟通的重要工具。我国是一个多民族的国家，高等院校的高职生多来自全国各地，由于历史的影响，地域的差异性和民族传统的不同，各地均有自己的方言，往往会引起语言误会，从而影响交往甚至引起纠葛。从这个意义上说，我们对于普通话的大力提倡和推广不应当仅局限于师范类院校，而应推广及各类高等院校，这不仅有利于在校高职生的人际交往，而且对他们以后走入社会，与其他人群进行和谐、顺利的交往将会产生重要影响。

其次体现在观念。观念是人们在认识世界和改造世界的实践活动中形成的某些态度、看法、思想、意识,是思维活动的结果。观念在人际交往中相当重要,观念的差异、冲突有时会影响到人与人之间的交往。高职生在交往中应学会相互尊重、求同存异,使交往顺利进行。

再次表现在习俗上。习俗即风俗习惯,是指某一社会中长期形成的、一般不易改变的风尚、习惯、行为倾向的总和。在交往时,高职生要了解和尊重交往对象的风俗习惯;否则,在交往过程中就会出现困难和麻烦,影响交往的正常进行。

3. 社会地位、社会角色、性别等

例如,某些来自某种家庭的高职生自视社会地位较高,往往结成小团体不愿与其他学生交往,从而阻塞了彼此之间沟通的渠道。社会角色的不同也会造成交往的障碍。同在一个班级,如果学生干部不能以平等的态度对待同学,总是喜欢居高临下,用命令式口吻与学生说话,那么,学生与干部之间就会产生隔阂,不能建立良好的人际关系,影响学生工作的顺利开展。性别也会给青年男女带来交往上的困难。有些高职生和异性交往,总担心会招致非议,故而不愿与异性交往,或与异性交往很拘谨。高职生应该有勇气打破性别的束缚,抛弃陈腐的观念,开展正常的男女同学交往。

4. 时间与空间因素

时间因素指交往的机会、频率。交往次数多、频率高,容易相互了解而建立良好人际关系,而交往次数少,相互了解就少,建立良好人际关系的可能性相对也就较少。空间因素指交往双方距离远近空间距离近,彼此接触的机会就多,易建立并保持良好关系;空间距离远,交往机会就少,不易建立较亲密的关系。

5. 相似与互补因素

相似是指交往双方在文化背景、年龄、性别、态度、人生、经历、兴趣等方面的类似程度。人与人之间相似的地方越多,越能相互吸引。社会心理学家柯尔等人研究最好朋友时指出,被试者所指出的最好朋友都是同等地位的人,一般说他们在教育水平、经济条件、社会价值观等方面都很相似,即所谓门当户对。在相似性因素中,态度是最重要的因素。在人生观、价值观、理想包括对社会上发生重大事件的看法都彼此一致的高职生,往往在感情上更为融洽,即所谓志同道合;而在兴趣、观点、态度方面不一致时,则往往会中止彼此间的交往。当双方的需要以及对对方的期望正好成为互补关系时,就会产生强烈的吸引力。如独立性较强的人往往喜欢同依赖性较强的人在一起;脾气急躁的人往往喜欢与脾气温和的人相处。互补的特点正好适合对方的需要,各得其所。

6. 特长与仪表

特长指的是特殊能力和专长。个人如果在特长方面比较突出就会增强人际吸引。因为人们欣赏其才能而产生钦佩感,愿意与他接近。仪表指个人的长相、穿着、仪态、风度等,它也会影响人们彼此间的吸引。"一见钟情"就是仪表的吸引所致。一个人外表美丽、衣着整洁、仪表大方会给人留下美好的第一印象。特别是在交往初期,外表因素的作用尤其明显,往往有形无形地左右着人们的关系。

(二)影响人际交往的内在因素

1. 人格特点

在高职生的人际交往中,那些外向、幽默、宽容、诚信的学生更容易赢得好感,而自私、猜疑、势利、古怪的学生则不受欢迎。可见,个人的人格品质也是影响人际交往的重要因素。

1968年,美国学者安德森在高职生群体中作了一项关于影响人际关系的人格品质的调查。他将555个描绘个性品质的形容词列成表格,让高职生按照喜欢的程度将这些词汇进行了排列。结果显示,影响人际吸引的六种最积极的人格品质是:真诚、诚实、理解、忠诚、真实、可信。其中后五种品质都直接或间接地与真诚有关,可见,真诚的人在人际交往中是最受欢迎的。而最消极的人格品质是说谎、假装、不老实等,它们是真诚的反面,是最令人厌恶的。尽管安德森的研究是在20世纪60年代,但仍然可以发现它与当代人的选择倾向仍有高度的一致性,这对当代的高职生有重要的启发意义。

2. 才能

人们往往会钦佩有才能的人,所以,人们总是渴望和能力较强的人结交,高职生也不例外。比如,大多数高职生喜欢和品学兼优的学生交朋友;有某种特长的高职生更具吸引力等。可见,才能一般会增加个体的吸引力。但是如果这种才能对别人构成了一种压力,让交往的人感到无能或失败,那么这种才能将不会有助于交往发展。在这种情况下,增加吸引力的好办法就是犯一些“小错误”。社会心理学家阿诺森在1969年做过这样一个实验:让被试验者聆听四种不同的录音,并告诉他们这些录音都是智力竞赛候选人的录音。其实,四种录音的内容虽然有所不同,但都是由一个人录制的。其中两个录音所显示的候选人显得十分聪明,学业与课外活动能力也很强;另外两个录音的候选人显得天资中等,学业也属于中等。录音中有一位聪明者和一位中等资历者因不慎打翻了咖啡,溅得满身都是;另外两位没有发生意外。听完四种录音后,要求被试验者指出他们对不同候选人的喜爱程度。结果发现:那位聪明但打翻了咖啡的候选人最受喜爱,而中等资质也打翻了咖啡的人却不受喜爱。实验说明了什么呢?相对而言,一个有才华有能力的人,较容易博得人们对他的喜爱。如果一个有才华有能力的人,是“人”而不是“神”,就更容易博得大家的喜爱。

3. 情感因素

我们喜欢那些喜欢我们自己的人,也厌恶那些对我们也不友好的人,这是人际交往的一种情感效应。美国社会心理学家舒兹把人际关系的需求分为三类:一是包容的需求,指一个人有与人建立并维护和谐、友好关系的意愿。表现为对人的容纳沟通,随和,以及对事务的参与意识和归属意愿。二是控制与调节的需求。表现为乐于在权利上与他人建立并维持良好的关系,其行为特征表现为一种控制欲、领导欲,愿意控制、影响和支配他人。三是在情感上有与他人友善和维持感情良好关系的意愿,具体表现为待人热情、友好、富有同情心。舒兹把人的这三类需求行为,按照主动与被动又分为六种人际关系,有人发现彼此在需要上、性格上或期望上相异甚至相反的人容易相互吸引。比如:喜欢主动与他人交往的人与期待别人接纳自己的人容易相互吸引;乐于主动控制他人的人与希望别人支配自己的人容易相互吸引；愿意主动表示友爱的人与习惯等待别人对待自己亲密的人容易相互吸引。

在日常生活中，我们经常可以看到这样的现象：脾气暴躁的人与温和而有耐心的人能友好相处；活泼健谈的人和沉默寡言的人能成为要好的朋友。有人研究后认为，互补因素对人际吸引的作用，大多发生在友谊深厚的朋友之间，特别是异性友谊或夫妻之间。生活中这样的事例很多。当然，这种人际交往中的感情因素，有时也是消极的、抑制的。如在一种低沉或阴暗心理的支配下，过分的自卑感也会使人失去正常状态的交往。

4. 认知因素

在生活实践中，每个人都积累了许多人际交往的经验，且习惯于用这些经验来指导自己的交往活动，而从不怀疑它的可靠性。然而，恰恰是这些从没有被怀疑过的经验，会导致我们的人际认知出现偏差，并影响交往的正常进行，这便是人际交往中的心理效应。常见的心理效应主要有以下几种。

(1)首因效应。

首因效应是指交往双方形成的第一印象对今后交往活动的影响。与第一印象相比较，它所强调的是第一印象的影响和效果，也即是“先入为主”的效果。苏联心理学家鲍达列夫做过一个实验：把同一个人的照片分别给两组高职生看，但看照片之前有不同的指导语。第一组高职生所得到的指导语是，照片上的人是一个恶习难改的罪犯；第二组高职生则被告知是，照片上的人是一个著名的学者。然后出示照片，让两组高职生分别从这个人的外貌来描述他的性格特征。结果发现，第一组高职生认为，照片上的人深陷的目光中隐藏着冷酷，突出的额头表明这家伙既固执又强硬，既阴险又狡诈。第二组高职生则认为，此人深沉的目光表明了他思想深邃，突出的额头表明他具有坚强的意志和探索精神，且睿智大度。这说明，初次对人知觉时形成的印象往往最为深刻，而且对以后的人际知觉也会起着指导性作用。这是因为，当不同的信息结合在一起时，我们总是倾向于重视前面信息，而忽视后面信息；即使人们同样也注意了后面的信息，但也会倾向于认为后面的信息是“非本质的”“偶然的”；当人们接受了前面的信息后，就会按照这种信息来解释后面的信息，当两种信息出现不一致时，也会屈从于前面的信息，从而形成整体一致的印象。

(2)近因效应。

近因效应是指在交往中新近得到的信息比以前得到的信息对于交往活动有更大的影响。例如,教师上课的最后几分钟的精彩讲解,必会给学生留下美好的遐想;恋人分别时三步一回头,两步一观望的“万般风情”,也必然会引起双方对下次约会的无限期待。这些都是对利用近因效应的绝妙注释。

近因效应与首因效应不是对立的,而是一个问题的两个方面。第一印象固然重要,最后印象也不可忽视。一般来说,在对待陌生人的认知中,首因效应比较明显;而对待熟人的认知中,近因效应比较明显。

(3)光环效应。

光环效应是指在人际交往中,人们常从对方所具有的某个特征而泛化到其他有关的一系列特征上,从局部信息形成一个完整的印象。在光环效应状态下,一个人的优点或缺点一旦被扩大为光环,那么这个人的其他优缺点也就隐退到光环的背后,被别人视而不见了。“爱屋及乌”和“厌恶和尚,恨及袈裟”说的就是这种光环效应。光环效应的产生往往是在掌握认知对象信息很少的情况下做出总体性判断的结果。它的最大不足就在于“以偏概全”“以点带面”,在思维方式上表现为“肯定一切”或“否定一切”,其结果常常导致人际错觉和认知偏见。所以,高职生在人际交往中应多方面地了解别人,在掌握了大量真实信息的情况下,做出评价,以避免对别人的行为做出错误的判断。

(4)定式效应。

定式效应是指人在认识特定对象时的心理上的准备状态。这种定式或心向作用,使人们对主观刺激的知觉反应更迅速,更有方向性,但也会使人从主观状态出发来歪曲客观信息。例如,年轻人总认为老年人墨守成规,缺乏进取心,老年人总觉得年轻人嘴上无毛,办事不牢,心目中的教授形象是鼻梁架着一副眼镜、清瘦、古怪、文质彬彬;看到一个很胖的人,就推断他是一个“舒舒服服”的人,因为“心宽”才能体胖;看着一个打扮时髦的人,就推测他是一个不求上进的人。

定式效应在某种条件下有助于我们对他人做概括的了解,在认知一些平时不太熟悉、接触不多的人,由于所给予的信息少,缺乏必要的线索,人们常常根据外部的一些表面特点作为认知的线索,加以推理。但这种推论的思想方法是简单化的,往往与事实不符合,容易发生认识上的偏差。

(5)刻板效应。

简单笼统地把人划归为固定、概括的类型来加以认识的现象叫刻板效应。在人际知觉中,人们往往先按照某个人的一些容易辨别的类的特征(诸如种族、国籍、文化背景、年龄、性别等)把他归属为某类成员,随后又把属于这类成员所共有的典型特征归属到他身上,并以此为根据去知觉和判断他。

由于人们生活在同一条件下(如相同的社会生活、经济条件、政治地位、文化水准、风俗习惯等方面)会产生许多共同点。而刻板效应起源于对一类人的共同点的概括,并非毫无根据。我们把知觉对象当作特定团体的成员来认识,就可以有所选择地抓住其突出的特征。从这个角度上说,人际知觉中的刻板效应的产生是不可避免的。但是,刻板效应并不一定合乎实际,因为即使在同一类人中,每个人除了具有类的特征,还有自己的个性,两者的差异有时相当明显。因此,刻板效应不一定正确,它容易使人以共性代替个性,从而妨碍了人们的正常认知和交往。

第三节　高职生人际交往中常见问题

一、害羞心理

(一)害羞心理及其表现

害羞心理指在高职生人际交往中常表现出腼腆,动作忸怩,手足无措,语无伦次及表情不自然,说话音量低而小,严重者怯于交往,对交往采取回避态度。害羞可分为三种类型。

第一种,气质型害羞。这种人生来性格比较内向,气质比较沉静,说话低声细气,见到生人则就脸红,见到异性则就慌乱,甚至有一种胆怯的心理。

第二种,挫折型害羞。这种人在平时并不害羞,但在某个特定的环境下就特别害羞，因为在这个环境下他曾经遭到挫折，形成了心理障碍，当特殊的环境再现时，他就会显得特别害羞。

第三种，认识型害羞。过分关注自我，总是怕自己的言行被别人耻笑，或者说非常在乎别人对自己的评价，这种害羞即为认知型害羞，高职生中绝大多数人属于这种类型。

过于羞怯的高职生在交往活动中，经常过多地约束自己的言行，无法充分表达自己的愿望和情感，也无法与人沟通，造成交往双方的不理解或误解，影响正常交往。

（二）害羞心理产生的原因

1. 先天的遗传因素

有的人生来性格内向，其气质属于黏液质、抑郁质类型，他们说话低声细语，见到生人就脸红，甚至常怀有一种胆怯的心理，举手投足、寻路问津也思前想后。

2. 后天的教育不当

有的家长对儿童的胆小不加引导，致使孩子见到生人或到了陌生之地，便习惯性地害羞、躲避，没有自信心。尤其儿童进入青春期后，自我意识逐渐加强，对别人如何评价自己过于敏感，希望自己有个“光辉形象”。为此，他们谨言慎行，唯恐有错。此心理状态导致了其在交往中怕被人耻笑，因此表现得不自然、腼腆，进而形成害羞的个性。对此，应予以正确指导，鼓励其大胆、真实、自然地表现自己，否则便会越演越烈。

3. 缺乏自信的人格弱点

这属于认知偏差，是因不能客观正确评价自己造成的。认为自己属能力平庸之辈，在与人交往中没有信心，患得患失。长期的谨小慎微致使他们不能体验到成功的喜悦，也使他们愈加不自信。

4. 曾经的挫折经历

据统计，在害羞的成人中，约四分之一在儿时并不害羞，他们是在长大后才变得害羞。这可能与遭遇过挫折有关。他们以前开朗大方、积极主动，但由于种种主客观原因，因屡屡受挫而变得胆怯畏缩、消极被动。

（三）交往中害羞心理的克服

1. 丢下包袱

就是要抛弃一切顾虑，大胆前行，不要过多计较别人的评论。高职生应当知道人不可能事事都正确，即便说得不对，做得不对，下次也可以改正。许多害羞者在行动前过于追求完美，担心失败，害怕别人的否定性评价，这样的自我否定和自我暗示将影响能力的发挥。结果越担心害怕，失败的可能性越大。

2. 树立自信

要看到自己的长处，不要尽看短处。否定自己是对潜力的扼杀，是能力发挥的障碍。虽然不能盲目乐观，但起码要客观看待自己的长处。有了自信，在实践中就可扬长避短。万事开头难，要鼓起勇气，敢于迈出第一步。当害羞者迈出可喜的第一步后，伴随他们的将是从未有过的成功体验和对自己的重新评价，他们相信自己的能力。如果再有第二、第三次，他们就会对自己形成一个比较稳定的自我肯定模式，害羞心理就会悄无声息地消失。

3. 学会交往

人际交往可帮助一个人慢慢地摆脱害羞。害羞者可以一边与人交往，一边观察别人是怎么交往的，在实践中学会交往的技巧。

4. 意念控制

每到一个陌生场合，感到有可能紧张、羞怯时，就暗示自己镇静，什么都别想，把面前的陌生人视作熟人。研究表明，一个怕羞的人，当他在陌生场合勇敢地讲出第一句话以后，随之而来的将不再是新的羞怯，而很可能会滔滔不绝。用自我暗示的意念控制方法来突破这开头的阻力，是一种有效的措施。

5. 增强体质

户外锻炼，这是增强神经系统的最有效方法。性格内向、气质为黏液质或抑郁质的人，神经系统比较脆弱，容易兴奋，一点小事就会闹得脸上红一阵、白一阵。通过体育锻炼，增强了体质，过度的神经反应会得到缓和，害羞程度就会自然而然地减轻。

二、封闭心理

(一)封闭心理及其表现

封闭心理指在人际交往中人为地将自己与周围的人或环境隔离开来，整天闭锁在自我的心理世界中。乐于交往是高职生人际和谐的表现之一，然而由于种种原因有的高职生则形成不同程度的封闭心理，阻碍其正常人际关系的形成。有的是因为性格内向，情感冲动的强度较弱，外露表现不明显，被人误认为封闭。实际上他们是情感深沉，能帮人则一帮到底；有的是整天忙忙碌碌，因为紧张的学习任务，始终处于疲倦状态，自然也就很少有高涨的热情，只要紧张气氛松弛了，他们的热情一般能很快调动起来；有的则是心灵上的创伤所致，如过去曾赤诚待人，结果却招致欺骗，因为对人渐存戒心，不轻易暴露自己的思想感情；或者生活、学习屡屡受挫，失去了信心，失去了对未来的追求，自以为是看破了红尘，新的事物，新的活动难以再激起他的热情，只想消极混世，得过且过。

(二)封闭心理的克服

对于具有封闭心理的个体而言，最重要的是要认识封闭心理对自我发展以及将来走上社会可能带来的负面效应，努力改变自我，自强不息。其次，利用集体的影响。同学之间应以更大的热情关心他、帮助他，弄清楚造成封闭的真正原因，并予以帮助，不能简单地责备他、孤立他。作为具有封闭心理的高职生要努力把自己融入集体之中，任何一个同学都处在一定的环境中，拒绝把自己融入集体之中去，肯定会感受到孤独。一个人如果常常以冷漠甚至厌恶的眼神看待其他同学，陷于自视清高而不能自拔，集体也会对他进行排斥，这样就会影响个人发展；第三要积极参与有益的社会交往活动。要敢于冲破自我封闭的牢笼，越过心灵的障碍，通过广泛的交流寻觅知音，享受到正常的人际交往的欢乐与幸福；第四要克服不良的人格特点，培养高尚的情趣，消除人际交往的阻碍。

三、嫉妒心理

（一）嫉妒心理及表现

嫉妒心理是在人际交往中，与他人比较，发现自己在才能、名誉、地位或境遇等方面不如别人，而产生的一种不悦、自惭、怨恨、恼怒甚至带有破坏性的复杂情感。嫉妒心理是一种消极的心理品质。其表现形式是对他人的长处成绩心怀不满，对别人的长处或成绩不是虚心学习、完善自己，而是心理失衡、心怀不满，时常用讽刺挖苦、中伤、诋毁等攻击他人，看到别人冒尖、出头不甘心，总希望别人与自己相差无几或比自己落后，看到别人处于劣境或遭遇挫折时，他会洋洋得意，沾沾自喜、幸灾乐祸，感到莫大安慰。嫉妒者还有一个重要的特点是没有竞争的勇气，往往是以讽刺挖苦、挑拨，甚至采取不合法、不正当的行为，造成对他人与集体的种种危害。嫉妒会吞噬人的理智，影响正常思维，造成人格扭曲，也使他人不敢与之交往。

（二）嫉妒心理产生的原因

第一，虚荣心强。按照心理学家的分析，嫉妒是一种缺陷心理，为了补偿这种心理，就会产生嫉妒。

第二，心胸狭窄。好嫉妒的人不都是心胸狭窄的人，心胸狭窄的人容不得别人的进步和幸福，看到人家在某些方面比自己强，心里就不是滋味。

第三，自私自利的个人主义。大凡好嫉妒的人总是那些凡事只想到自己，自己没有又不让别人具有，或者只许自己有而不许别人有的私心极重的人。

（三）嫉妒心理的调适方法

1. 学会转移注意力

当你出现嫉妒某人的心理时，总是因为对方在某些方面的优势引起了你的注意，而自己在这方面又恰好处于劣势，这一差异正是你产生嫉妒的根源。与此同时，你却没有意识到自己在另外一些方面优于对方的方面。如果有意识地把自己的注意力重心调节一下，便会使原先失衡的心理获得一种新的平衡；

2. 要改变错误的认知

好嫉妒的人的特性往往是自大自私,往往从害别人开始,以害自己告终。对此,只有依靠自己改变错误的认知,提高认识,学会超脱,不断自我反省,改善自身的品性,做到谦虚谨慎。遇事时进行"心理换位"思考,替别人想想。

3. 学会自我反省

嫉妒心是很难隐藏和掩饰的,在人际交往中容易被他人察觉。别人发觉你嫉妒他,交往就会受到影响。与其这样,倒不如坦诚、轻松、愉快地与对方沟通,这样或许能获得意想不到的良性交往效果。

四、自卑心理

(一)自卑心理的表现

自卑心理属于自我意识障碍的一种。在人际交往中,有些高职生因对自己不能做出客观而公正的评价,自视甚低,从而产生自卑心理。这种心理常常使人感觉到自惭形秽,处处不如人,什么都比别人差。因而在交往时过于拘谨,羞羞答答,扭扭捏捏。在社交场合,不敢抛头露面,害怕当众出丑,压抑自身能量的释放,消极等待别人的亲近或抬举,使一些交往机会擦肩而过。

(二)产生自卑心理的原因

一是高职生自身存在着某种不如他人的客观因素,如患有残疾、身材矮小、长相丑陋或工作能力较低等;二是在前期交往中好胜心受到挫折,如恋爱失败、被人无端责备、疏远或冷落等;三是体验不到集体的温暖,自身在思想政治、学业成绩上无所建树等;四是家庭因素也是高职生产生自卑心理的一个重要方面。家庭的经济状况、父母的社会地位以及培养子女的态度,直接影响着他们性格的形成。例如,生活在不健全的家庭里,父母早亡或离异,极易导致学生产生自卑心理。

（三）自卑心理的克服

1. 正确客观的认识自我

高职生在交往过程中首先要客观地进行自我分析，不仅要看到自己的短处，也要如实地看待自己的长处。这有助于克服自卑心理。

2. 积极的心理暗示，自我鼓励

暗示是指用含蓄、间接的方法对人的心理产生迅速影响的过程。自我暗示是来自内心的一种自我刺激过程。积极的自我暗示是指，即使自己处于不利地位，也要鼓励自己，增强自信，而不要先考虑失败了怎么办，同时还要建立符合自身条件的抱负水准。一些同学因抱负水准过高，超过了本身能力所能及，欲速则不达，结果自尊心受挫，感到自己没有能力，产生自卑心理。所以. 自卑者应当随时根据已有的经验对自己的理想目标作适度的调整，以增加自我成功感，从而增强自信。

3. 要善于表现自己，积极与他人交往

在与人相处中，要善于表现自己，要扬长避短。要善于选择那些能发挥自己长处的社交活动，尽量表现自我。同时，一个人的生活经验越丰富、接触面越广就越能促进其对自身的了解。因此，应不断地扩展自己的交际范围，去感受他人的喜怒哀乐，心胸就会变得更开阔。另外，在交往中，自卑者所具有的谦虚、善于体谅人、不与人争名夺利、安分随和、做事小心谨慎、稳妥细致等优点，容易取得别人的信任，并乐于与之交往，这样也会增强自信，从而为消除自卑奠定心理基础。同时要有意识地加强与性格开朗、乐观、豁达、尊重他人、关心他人的人交往，这也有利于克服自卑心理。

五、猜疑心理

（一）猜疑心理的表现

猜疑心理表现在交往过程中，总觉得其他什么事情都会与自己有关，对他人的言行过分敏感、多疑。猜疑是一种由主观推测而产生的不信任心理，往往在自己与他人之间设置一堵无形的墙，“戴着面具”与人交往，以防范他人。多疑的人整日疑心重重，怀疑世间的真诚，认为一切都是假的，都不可信，不可交。多疑常常是在假想推测的基础上循环思维的结果。当一些高职生在某些方面不如别人，自信意识薄弱时，就会怀疑别人瞧不起自己，自己没有被选为干部就怀疑是有人背后捣鬼，挨了批评就怀疑是有同学打了“小报告”。怀疑别人居心叵测，言行于己不利，整日提心吊胆，处处设防，不能坦诚相待，不能开诚布公，或则捕风捉影，或则拨弄是非。这种无端的猜疑不仅会拉大人与人之间的心理距离，造成心理隔膜和情感上的疏离，还会使交往停留于表浅状态，从而给人际交往带来负面影响。最终会造成矛盾，导致人际关系紧张，影响同学团结。同时，又局限了交往面，失去交往的快乐。

（二）猜疑心理的调适方法

1. 加强人格修养

也就是说要加强个人道德情操和心理品质的修养，净化心灵，提高精神境界，拓宽胸怀，以此来增大对别人的信任度和排除不良心理的干扰。

2. 摆脱错误思维方法的束缚

猜疑一般总是从某一假想目标开始，最后又回到假想目标。只有摆脱错误思维方法的束缚，扩展思路，走出“先入为主”“按图索骥”的死胡同，才能促使猜疑之心在得不到自我证实和不能自圆其说的情况下自行消失。

3. 敞开心扉，增加心灵的透明度

猜疑往往是心灵闭锁者人为设置的心理屏障。只有敞开心扉，将心灵深处的猜测和疑虑公之于众，或者面对面地与被猜疑者推心置腹地交谈，让深藏在心底的疑虑来个“曝光”，增加心灵的透明度，才能求得彼此之间的了解沟通、增加相互信任、消除隔阂、排除误会、获得最大限度的消解。

4. 无视流言蜚语

猜疑之火往往在流言蜚语中，才越烧越旺，致使人失去理智、酿成恶剧。因此，当人们听到“长舌人”传播流言时，千万要冷静，谨防受骗上当，必要时还可以当面给予揭露。

5. 要综合分析被猜疑对象的长期表现

当我们开始猜疑某个人时，最好能先综合分析一下他平时的为人、经历以及与自己多年共事交往的表现，这样有助于将错误的猜疑消灭在萌芽状态。

六、狭隘心理

（一）狭隘心理的表现

狭隘心理是一种心胸狭窄、气量狭小的心理和人格缺陷。狭隘者常常表现为：吝啬小气，斤斤计较，吃不得亏，会想方设法弥补“损失”；不能容忍他人的批评，不能受到一点儿委屈和无意的伤害，否则便耿耿于怀、伺机报复；人际交往面窄，追求少数朋友间的“哥们义气”，只同与自己类似或不超过自己的人交往，容不下那些与自己意见有分歧或比自己强的人。心胸狭隘往往影响人际关系，伤害他人感情，也常给自己带来烦闷、苦恼，影响自己的情绪和在他人心目中的形象，因此，于人于己有百害而无一利。

（二）形成狭隘心理的原因

1. 家庭因素

家庭不良因素的影响与狭隘的产生有很大关系，如有些人的狭隘心理完全是父母的翻版。另外，优越的生活环境、溺爱的教育方法往往使子女任性、骄傲、自私，受不了半点委屈，容不下“异己”分子，十分狭隘。

2. 认知出现偏差

有些人阅历浅、经验少，容易把事情想得过于困难、复杂，加之对自己的能力估计不足，对事情感到无能为力，因此容易紧张、焦虑、心胸狭隘。

（三）狭隘心理的克服

1. 树立正确的人生观，确定一个积极的生活目标

人生在世要努力体现自己的价值，要充分地挖掘生命的潜能，为社会做贡献，给后人留下点有价值的东西。当一个人把眼光放在大事上，为自己确立了一个积

极的生活目标，他就不会怎么计较一时的得失，眼光就从狭隘的个人圈子里放出去。抛开“自我中心”，就不会遇事斤斤计较，“心底无私”才能“天地宽”。

2. 正确处理好人际关系

要培养集体主义精神和高尚的情感，进行正当的人际交往。与人相处应热情、直率，善于团结互助，融“小我”于“大我”之中。交往的增多，可加深彼此了解与沟通，更透彻地了解别人与自己，开阔心胸。如果认识不到这一点，不愿结交意见相悖或强于自己的人，那你永远只能在你的小圈子中徘徊。

3. 积极应对挫折

人生在世，困难挫折在所难免，痛哭流涕时有发生。一味地焦虑、忧愁解决不了问题，而且对身心健康有害。我们要学会以解决问题的方式积极应对挫折：遇到挫折，冷静分析原因，想想应该如何解决，选择最好的方法，然后制订计划贯彻执行。

4. 不断丰富自己的生活

要丰富自己，一个人的视野越开阔，就越不会陷入狭隘之中，这就是所谓的站得高，看得远。拓宽兴趣范围，多参加各种文娱、体育活动，使自己时刻感受到生活、学习中的新鲜刺激，感受到生活的美好，从而在健康向上的氛围中增强精神寄托，消除心理压力。

5. 开阔视野，胸怀宽广坦荡

正如歌德所言，比海洋更广阔的是天空，比天空更广阔的是心灵。在闲暇时，不妨走出校园、家门，到大自然中去领略它的博大、美丽，大自然会让你感到自己的渺小。培养豪迈气概，有利于走出狭隘的内心世界。

第四节　高职生人际交往的原则与技巧

一、高职生人际交往的原则

（一）平等原则

交往平等主要指交往双方态度和地位上的平等，我们每个人都有自己独立的人格、做人的尊严和法律赋予的权利和义务，人与人之间的关系是平等的关系。在交往的过程中，如果一方居高临下、盛气凌人，那么他很快便会遭到碰壁从而导致孤立。高职生往往个性很强，互不服输，这种精神是值得提倡的，但绝不能高人一等，因同学之间在出身、家庭、经历、长相等方面的客观差异而对人“另眼相看”。坚持平等的交往原则，就要正确估价自己，不要光看自己的优点而盛气凌人，自以为是；也不要只见自身弱点而妄自菲薄，盲目自卑，要尊重他人的自尊心和感情，更不能以世俗的势力眼光“看人下菜”。

（二）尊重原则

每个人都有自己的人格尊严，并期望在各种交往中得到尊重。尊重能够引发人的信任、坦诚等情感，缩短交往的心理距离。一般来说，高职生的自尊心都较强，因此，在人际交往中尤其要注意尊重的原则，不损伤他人的名誉和人格，承认或肯定他人的能力与成绩。否则，易导致人际关系的紧张和冲突。

尊重无疑是良好交往活动的基石。若人与人的互动中没有了对对方的尊重，那么往往会导致不良后果。尊重是向人传达善意的信息，留给别人余地能够保护自己的隐私，因而就更能与他人融洽相处，而不互相戳伤。坚持尊重的原则，必须注意在态度上和人格上尊重同学，平等待人，讲究语言文明、礼貌待人，不开恶作剧式的玩笑，不乱给同学取绰号，尊重同学的生活习惯。

（三）诚信原则

真诚守信是人际交往的一个重要原则，真诚是人与人之间沟通的桥梁，只有以诚相待,才能使交往双方建立信任感,并结成深厚的友谊。坚持真诚的原则,必须做到热情关心、真心帮助他人而不求回报,对朋友的不足和缺陷能诚恳批评。对人、对事实事求是,对不同的观点能直陈己见而不是口是心非,既不当面奉承人,也不在背后诽谤人,做到肝胆相照、赤诚待人、襟怀坦荡。

交往离不开信用。守信指一个人诚实、不欺、信守诺言。古人"有一言既出、驷马难追"的格言。现在有以诚实为本的原则,不要轻易许诺,一旦许诺、要设法实现,以免失信于人。朋友之间,言必信、行必果、不卑不亢、端庄而不过于矜持,谦虚而不矫饰诈伪,不俯仰讨好位尊者,不藐视位卑者显示自己的自信心,取得别人的信赖。

(四)宽容原则

表现在对非原则性问题不斤斤计较,能够以德报怨,宽容大度。人际交往中往往会产生误解和矛盾。一些学生个性较强,接触又密切,不可避免产生矛盾。这就要求学生在交往中不要斤斤计较,而要谦让大度、克制忍让,不计较对方的态度、不计较对方的言辞,并勇于承担自己的行为责任。在对方感情激动,失去理智之时,更要沉着、冷静,大可不必"以牙还牙,以眼还眼""当场摆平",要以你的"静"来回应他的"动"。要以宽广的胸怀容纳他的偏激与无礼,使其自觉无趣。当然,宽容克制并不是软弱、怯懦的表现。相反,它是有涵养"肚量"的表现,是建立良好人际关系的润滑剂,能"化干戈为玉帛",赢得更多的朋友。

(五)互助原则

互相关心,互助互惠,是人际交往的客观需求,生活中,每个人都难免有困难,需要他人帮助;工作中,也需要在各自的职位上互相配合、互相支持、通力合作。互相帮助是中华民族的传统美德。一人有难,众人相帮;一方有难,八方支援。相互帮助就是要乐于帮助别人,别人有困难需要帮助时一定要热情帮助。互助互惠,一个不愿意帮助别人的人,很难要求别人自愿帮助他。互相帮助不是互相利用,互相利用不是践行真诚和友爱。

二、高职生人际交往的艺术与技巧

人际交往贯穿高职生学习生活的始终，是高职生社会化过程的重要环节，也是高职生个体发展的基本需要。高职生要获得良好的人际关系，就有必要学习和掌握一些人际交往中的艺术与基本技巧。

（一）改善认知模式，掌握知己知人的技巧

认知模式深植于我们心灵之中，影响我们对事物的认识与看法。它就好像一块玻璃微妙地扭曲了我们的视野一样。所以两个具有不同认知模式的人，观察相同的事件，会有不同的认知或描述。

一个人的人际交往模式往往是习惯的产物，比如，习惯性防卫、比照效应、刻板印象等。一个小故事很有启发意义。我们每个人都根据自己的价值观和经验，来解释周遭所发生的事情，这些往往影响我们面对事情的态度。所以你的生活并非完全由所发生的事情来决定，而是由你的态度来决定。改善认知模式，也就是要改变人际交往中的有关态度，学会正确地认识他人与自我，在此首要的是要求人们能充分认识人际关系的意义和重要性，对学会与人相处和协调人际关系采取积极的态度。同时就是要正确认的知己之人，平等地与人交往。现实生活中的每个人都有自己的长处和短处。与人交往时不要自傲自负，不要拿自己的长处比别人的短处。要做到知己知人，要注意以下几方面。

1. 为自己恰当定位

人际关系的定位，实际上是一种修养，一种作为正确处理人际关系的技能认识。正确的人际定位，简单地说，就是站在与自己交际对象平等的位置上。自认为卑微，或者自以为清高的人是处理不好人际关系的。

2. 了解自己的“长”与“短”

人非圣贤，孰能无过。有过而不知其过，甚至文过饰非，必不能与他人善处。知己之短，才能避其短，才能正确评价自己。同时也要知己所长。知己所长，就是知道自己的价值基础。在人际交往中，这也是克服自卑心理，给自己增添自信心的

力量源泉，同时也是寻找机遇，结识志同道合朋友的机会所在。如果说知道自己的“短处”，则可以使自己能够比较谦逊地与他人往来；那么，知道自己的长处，就能更加主动地与他人交往，使很多人际关系为我所用。

3. 做自己情绪的主人

在人际交往中，有顺境，也有逆境。双方欢快，则顺境；背道而驰，则逆境。处于逆境，心情本不好，如果不能控制自己，更易使双方的关系雪上加霜。能够控制自己情绪的人，虽未必就是成功者，但肯定是一位有涵养的人，在人际关系方面也会强出别人许多。

4. 知人要“知心”

这里的“心”，狭义理解作“心理”讲，人的心理状况至少受四个方面的影响，即客观环境的影响，主观环境的影响。不同年龄影响和生理状况的影响。所以，在人际交往中，要想很好的了解他人，还必须了解人的心理活动的一般规律和特殊规律，不管是宽容、赞美还是批评的艺术都是建立在了解人、理解人的基础上的，即知人要先知“心”。

（二）修养完善个体人格，增强人际吸引因素

确立较高的人格目标，学习别人的长处；不断充实自己，完善自己，增强自己的人际吸引因素，是培养交往能力，获得交往成功的前提，是搞好人际关系的根本所在。人际吸引是指交往对象之间彼此互相喜欢、尊敬、爱慕的心理倾向，与不满、厌恶、蔑视等人际排斥的心理倾向相反。增强人际吸引最好的办法就是完善自我人格。人际吸引因素主要包括以下几点。

1. 正确的人生观

人生观决定一个人的思想倾向和精神面貌。人生观以理想、信念、动机、兴趣等具体形式表现在人际交往中。只有以无私奉献的精神对待周围的人和事，才会焕发出强大的吸引力和凝聚力，激发别人产生与之交往的愿望。

2. 高尚的品德修养

一个人的品德是人格的核心，良好的品德修养可以给人以信任和安全感。人

们都愿意与具有真诚守信,谦虚大度,虚怀若谷,宽容他人等良好品质的人交往。不欺诈,守信用,诚恳谦和,胸襟诚笃,坦然为人,乐于助人的品格自然为人所喜欢,具备这种品质的人必然会有很强的人际吸引力。因此,努力塑造自己良好的道德品质,对增强人际吸引因素极为重要。

3. 良好的心理品质

心理品质是一个人的认知、意志、情绪、兴趣、气质、性格等的心理特征的综合。志向宏伟,兴趣高雅广泛,意志坚定,情绪乐观,为人豁达、慷慨、幽默、风趣、热情开朗,稳重宽厚,善解人意以及富有同情心、正义感、办事认真等,都是人际交往必备的心理品质,在人际交往中具有极大的魅力。在社交场合中,那些善于调侃、富有幽默感和待人接物随和宽容的人,常常成为人们注意的中心和乐于交往的人,这样的人也更容易找到朋友,赢得大家的好感。

4. 智慧和才能

通常智慧和才能可以带给人以力量,也是人际吸引的重要因素。尤其在现代社会,个人的智慧才能越来越成为其人格魅力的重要部分。因此掌握丰富的知识和锻炼培养自己各方面的能力,能大大地增强吸引力。

(三)文明得体的行为举止,注意自我形象修养

文明得体的行为举止是一个人具有良好教养的综合反映。有人说,良好的教养可以代替财富,它是我们进入社会生活最好的"通行证"。

1. 注意自我形象

穿戴整齐。整洁的仪表、干净利落的风格能够展示一个人的魅力。穿着得体并不是穿得贵重,穿得花枝招展,贵重的服饰并不一定适合每个人的气质、身份和地位,唯有得体、朴实和大方永不过时。着装得体需要文化素养和审美修养作底蕴,从更深层次讲,它是反映一个人内在气质和文化修养的窗口。

2. 要有优雅的风度

在生活中,我们总是对那些热情友好、彬彬有礼、言谈举止得体的人抱有好感,而对行为粗鲁、言语庸俗的人怀有厌恶。从形式上看,个人的举止、风度只是人际

交往中的一种表现形式，而从本质上看，它是一个人内在品质的反映，它反映着一个人的兴趣、爱好、情感、性格以及他早已习惯了的社会习俗。优雅的举止、文明的言谈不仅是人际交往中的礼节性规则，而且也是源自于内心的真诚和对他人的尊重与关爱。

3. 注意动作行为中的细节

就像一句话能把人说笑，也能把人说恼一样，日常生活中的一个不经意的细小动作，也能使人顿生厌恶。因此交往时也要注意自己的行为。合理地运用礼节性行为。运用得当的礼节性行为有助于增进人际关系。礼节性行为使用得当会使人产生一种亲切感，有助于融洽人际关系。交往时采取适当的身体姿态。在交往中自觉地控制自己，采取恰当的身体姿态，有利于融洽人际关系。

（四）讲究语言艺术，用语言感化影响对方

"良言一句三冬暖，恶语伤人六月寒"。这句话告诉我们交往时要注意运用语言的艺术，语言艺术运用得好，就能优化人际交往。相反，如果不注意语言艺术，往往在无意间就出口伤人，产生或激化矛盾。这种语言艺术包括以下几个方面。

1. 称呼得体

称呼反映出人们之间心理关系的程度。恰当得体的称呼，使人能获得一种心理满足，使对方感到亲切，交往便有了良好的心理气氛；称呼不得体，往往会引起对方的不快甚至反感，使交往受阻或中断。所以，在交往过程中，要根据对方的年龄、身份、职业等具体情况及交往的场合、双方关系的亲疏远近来决定对方的称呼。对长辈的称呼要尊敬，对同辈的称呼要亲切、友好，对关系密切的人可直呼其名，对不熟悉的要用敬辞。

2. 学会倾听

积极的倾听使你与他人的友好得以顺利进行，同时意味着你个性成熟水平的提高，使人感到你成熟和可信赖，从而增加你的魅力。听，不仅要用耳，而且要用脑，做到耐心和主动。在对方说话时要发出听懂和赞同的语句。如果你不赞成对方的观点，也不要轻易打断别人的话题，可委婉地用商量的语气说："请等等""允许我打断一下”等，这样，对方会感到你对他的尊重，有利于你与对方感情的融洽。

3. 说话注意礼貌

正确运用语言，表达清楚、生动、准确、有感染力、逻辑性强，少用俚语和方言，切忌平平淡淡，滥用辞藻，含含糊糊，干巴枯燥；语音、语调、语速要恰当，要根据谈话的内容和场合，采取相应的语音、语调和语速；讲笑话要注意对象、场合、分寸，以免笑话讲得不得体，伤害他人的自尊心。

4. 避免争论

青年高职生喜欢争论，但争论往往是在互不服输、面红耳赤、不愉快，甚至演化成直接的人身攻击或严重的敌意中结束。这对人际关系的有害影响是显而易见的。因此高职生要尽量避免争论，而要通过讨论、协商的途径解决分歧。最终要以“求同存异”的方式，既表明了必要的原则性，又不伤害彼此友谊，不强加于人，相互有保留的余地。语言艺术运用得好，就能吸引和抓住对方，调动彼此倾谈的激情、兴趣，从内容到形式适应对方的心理需要、知识经验、双方关系及交往场合，使交往关系密切起来。

5. 妥善地运用赞扬和批评

赞扬能释放出一个人身上的能量以调动其积极性，训斥会使一个人情绪低落、体力下降。与人谈话，要学会用赞美的语言。一个笑容可掬、善于发掘别人优点给予赞美的人，肯定会受到别人的尊敬和喜爱。生活在社会中的每一个人，都希望得到他人的赞美。赞美会激发受赞美者的自豪和骄傲，从中了解自己的优点和长处，认识自身的生存价值；赞美能和谐人际关系，带来美好的心境；并且，当人们在鼓励、尊重对方的同时，也丰富了自己的生存智慧。赞美需要艺术。充分地、善意地看到他人的长处，因人、因时、因场合地适当地赞美，不管是直率、朴实，还是含蓄、高雅，都可收到很好的效果。但赞美不能滥用，好心的赞美必须恰如其分，千万不能言过其实，因为过犹不及。古话说“过分恭维别人，便是贱卖自己的人格”。当然，需要提醒和指出对方必须改正的缺点时，应有真挚的批评。“明知不对少说为佳”的处世哲学弊多利少。批评的措辞大有讲究。分寸恰当、善意真诚、委婉含蓄、入情入理的批评是祛病除疾的良药。但批评后，对方认识或者改正了时，就需要赞美了。人性中有被人赏识的深切渴望。因此，在与他人相处时，要注意满足他人的这种渴望，多赞美别人。

（五）发挥非语言沟通的技巧，做到此地无声胜有声

非语言交往是人际沟通的重要方式，也是高职生必须掌握的一种沟通技巧，这种技巧主要包括以下几个方面。

1. 眼神与沟通

俗话说，眼睛是心灵的窗口，在人际沟通中，眼睛所起的作用是不可低估的，一般认为，在人际交往的过程中，总是被动地与别人相识，当别人跟你打招呼时，总是躲闪着对方的目光的人，是较拘谨、缺乏自信的人；听话和说话时，始终不敢直视对方眼睛的人，意味着他想隐瞒点什么；相反，在说话时注视对方眼睛的人，往往给人以自信和诚实的感觉。总之，眼睛作为了解人，分析人的窗口，有着其他器官不可替代的作用和功能。高职生在交往中要学会通过观察对方眼神的变化来窥测别人的内心世界。

2. 仪表与沟通

在人际交流中，穿着打扮、举手投足等仪态往往会对交往对象产生影响。人际吸引的一个重要因素就是仪表吸引。确实，对于外貌美的人，人们会产生一种好感，心理上会产生一种亲切感，并给予肯定性的评价多一些，对于外貌差的人，人们会产生一种“莫须有”的不良感觉，心理上会产生一种排斥反应，并总是给予否定性的评价多一些。当然，这里的外貌吸引，不仅指人的长相，还包括人的衣着打扮、仪表风度。不同的人在不同的场合应该有不同的衣着打扮，这样才能与环境协调一致，给人以美的享受。既然外貌吸引的作用是难以排除的，那么，高职生在向社会和他人推销自己时，务必注意自己的衣着打扮，给人留下良好的第一印象。

3. 姿态与沟通

心理学研究表明，一个人整体姿态的状况和与之交往的人的关系有关，当一个人与他不喜欢的人交往时，他的整体姿态会比较紧张，似乎在提防发生意外，在同

一个他所喜欢的人交往时,他的姿态毫不紧张,相当从容,以握手为例,高职生在交往时,握手已成为一种常规礼节,但也是有讲究的。第一,要主动伸出洁净的右手。第二,要充满热情。握手时要表示出热情,注视对方的眼睛,要边握手边打招呼,不可漫不经心、东张西望。第三,用力要适度,体现出对对方的尊重。一方面,不能"蜻蜓点水",碰到对方的手即止,这是怠慢对方的行为;另一方面,也不可用力过度,使对方有疼痛感。如果对方是女士,你应该特别小心,首先要等她伸出手来,你再伸手相迎。

4. 时空与沟通

人际沟通是一个多渠道、多层次组成的综合系统活动过程,时间在人际沟通中也起着不小的作用。交往中的时间观念主要是指:准时赴约;不侵占他人的时间;为帮助别人不惜牺牲自己的时间,为此,在现实生活中选择什么时间与他人交往,具有一定艺术性。

在人际交往中,空间是客观存在的,空间距离的远近决定人际关系的远近。如果你允许别人进入你的"个人空间"中,对方一定会感到很高兴,因为这表明你们的关系已进入了一个新的阶段,但是人与人之间往往是这样的,彼此之间过于亲密,你对对方了解的太多,那么对方在你眼里可能会失去魅力,所以,人与人之间应保持一定的心理距离。

总之,人际关系涉及我们一生的成败、甘苦,我们没有理由不重视它。而人际交往不是一门综合性的艺术,有许多具体的理论、原则、技巧可供人们参考、借鉴,但是掌握这门艺术的关键是健全的人际交往心理素质的培养。

第五章　高职生的学习心理

高职是人生的关键阶段。因为这可能是你一生中最后一次有机会系统性地接受教育；这可能是你最后一次能够全心建立你的知识结构；这可能是你最后一次可以将大段时间用于学习；也可能是最后一次可以看到自己的可塑性，集中精力充实自我的成长历程。

第一节　高职生学习的特点

一、什么是学习

学习是一种十分复杂而又普遍的心理现象。学习的概念有广义和狭义之分。广义的学习是指人和动物在生存和发展过程中后天获得经验的过程；狭义的学习，则是指学生的学习，即学生在教师的指导下，有目的、有计划、有组织地获得知识、形成技能、培养才智的过程。学生的学习具有以下特点。

第一，学生学习是有目的、有计划、有组织、有系统地进行的。学校通过课程设置、教学计划安排，对学生的学习进行控制，学生必须在规定的、有限的时间内完成一定的学习任务并接受考核。

第二，学生的学习是集中统一进行的。一般来说，同一年龄段、同一层次的学生总是被集中在同一集体（通常为班级或年级）中进行学习，学习内容、学习材料、学习任务、学习要求以及学习条件基本上是相同的、一致的。

第三，学生的学习是在教师指导下进行的。教师的传道、授业、解惑作用非常重要。

第四，学生的学习内容是多方面的。大致可分为三个方面：一是知识的掌握和技能的形成；二是智能的开发和非智力因素的发展；三是行为规范的学习和道德品质的培养。

高职生的学习是人类学习的一种特殊形式，属于更为狭义的学习，但也是更高层次的学习。

二、高职生学习的特点

（一）学习内容的专业性

专业性，是指高职生的学习有其一定的专业指向性。这是高职学习与中学学习明显不同所在。高职的学习内容是围绕专业方向的需要展开的，每个专业都要根据社会对该专业人才的要求，制定出该专业的培养目标、教学大纲、教学计划、教学方法和手段，为实现教学目标服务。高职的教学过程是以传授、学习专业的理论知识和基本技能为主要任务。步入高职后，每个学生都有自己的专业领域，高职的学习除了强调在各方面能力都有发展外，还要求学生的专业知识和技能得到更大程度的提升，需要学生在某一个专业领域的学习向纵向深度扩展。不过，高职的专业性也是相对的。有一定的专业性又不完全局限于这个专业，还要有较强的适应性。现代科学技术正朝着两个方向发展，一方面是继续朝“专”的方向发展，原有学科仍在继续分化过程之中，分支还会增多；另一方面，是朝着综合的方向发展，交叉学科、边缘学科、综合学科也在不断产生。这种情况，要求高职生必须在学好本专业基本知识、基本技能的同时，有意识地拓宽自己的知识面，增强自己的专业适应性，尽可能使自己成为一专多能的“通才”。

（二）学习过程的自主性

高职的学习虽然也强调教师的课堂教学，但教师授课之后的理解、消化、巩固等各个环节主要靠学生独立完成。这样一来，除了上课之外，高职生还有大量时间可以自由支配。这就要求高职生的学习要更具自觉性。此外，在学习内容的自主选择上，也是高职生独立自主学习能力得以展示的重要方面。高职教育的课程设置，一般来说，除了必修课外，各高校皆有形式多样的选修、辅修课，可以供高职生们根据自己的兴趣、爱好、能力、精力等各方面的条件加以自由的选择,从而达到扩充知识,发展各种能力的目的。

可见,不论是学习时间的自由安排,还是学习内容的自主选择,都需要高职生在学习过程中充分发挥主动性、积极性,独立自主地进行学习。这是高职教育对高职生们提出的一个要求,也是高职学习活动的特点。

(三)学习途径的多样性

多样性是指学生除了通过课堂教学这一途径外,还可以通过多种渠道来获得知识。高职生要获得知识,陶冶情操,发展能力,光靠课堂教学时获得的知识是远远不能满足需要的。除了自己抓紧时间自学外,还必须依靠各类第二课堂获取知识。诸如各种学术报告、知识讲座、专题讨论会,以及走出课堂进行社会调查参加各类咨询服务等。这些种类繁多,形式多样的方法,已成为当代高职生们获得知识的重要途径。

(四)学习目的的探索性

探索性是指高职生在学习过程中对于书本结论之外新观点的寻求和钻研。高职阶段是学生接受系统教育的高级阶段,是“求学期”向“工作期”“创造期”转变的过渡阶段。学生的学习方法和思维方式也逐渐从正确再现教学内容向汇集众家之长,确立个人见解的方向转变。学生从在教师指导下完成课题、作业到独立完成毕业论文。有些学生还开始在某些学科领域内作有一定价值的创新探索。

第二节　提升学习的有效性

为提升学习的有效性,高职生需掌握必要的学习方法,提升学习能力。

一、高职生常用的学习方法

(一)计划学习法

所谓计划学习法,就是学习者在每一个学习阶段中制订相应的学习计划(学习任务、学习步骤、学习时间),并且按照这种计划,一步步地实现学习目标的学习方法。在制订学习计划时,一定要做到明确、合理、科学,要有明确的学习目标和任务,合理的步骤和学习量,科学安排学习时间。制订好计划后,要克制自己努力去执行,否则就成了“纸上谈兵”。

(二)基础学习法

所谓基础学习法,就是从基础知识、基本能力和基本功入手,进而达到全面掌握知识和提高能力的目的的学习方法。基础学习一方面学习者要努力吸收课本知识,同时也要向老师或有经验者请教,要善于接受他人的建议和指导;另一方面,学习者也要学会自己去实践摸索。

(三)概念学习法

任何一门学科知识都有构成它基本内容的基本概念。基本概念就是这些学科知识的基本细胞,列宁把它称为范畴,并比喻为网上纽结。对基本概念的理解和认识程度,直接关系到整个学科知识的掌握程度。因此,抓住细胞、抓住纽结,就抓住了学科知识的根本。要学好每一门学科知识,首先从这门学科知识的基本概念入手,这就是概念学习法。概念学习法也是基础学习法的具体化。

(四)重复学习法

所谓重复学习法,就是对同一知识点在进行读、听、写、记、思、用等重复多次的量的不断积累中最终达到质变,即真正记住、理解和掌握知识的学习方法。只有反复读写,才能加深印象;只有反复思考,才能加深理解;只有反复应用,才能把知识转化为能力。“学习”中的“习”字正是强调多次的重复练习。

(五)质疑学习法

所谓质疑学习法,就是通过对现有事实和知识的深入细致的思考,不断提出疑难问题,又不断予以回答和解决,从而进一步加深对这一事实和知识的理解掌握并发展知识、创新知识的一种重要的学习方法。法国作家巴尔扎克说:“打开科学大门的钥匙毫无疑义的是问号。”质疑并不是随便怀疑,而是有根有据地提出疑问,它是一种发现问题的能力,在平时要有识地去培养和发展。质疑学习法需要学生的勇气和老师对学生的质疑能力有意识的培养。

（六）分解学习法

所谓分解学习法，就是对一个知识点从不同的视角进行划分，把一个知识点变成两点、三点、四点甚至更多的方面来理解和掌握知识的一种学习方法。

（七）联想学习法

所谓联想学习法，就是通过联想来进行学习的方法。即学习者在记忆、理解和掌握知识点的过程中，不能把这一知识点同其他的知识点割裂开来，而是努力拓展自己的思路，深入去发现这一知识点与其他知识点之间的内在的多种联系，借助于已知的知识点去攻克正在学习的新知识点。

（八）比较学习法

所谓比较学习法，就是从知识与知识之间的多种多样的联系出发，通过考察、比较、对照知识之间的多种关系来记忆、理解、掌握和应用知识的一种学习方法。

二、高职生学习能力的提升

科学技术竞争日益加剧的时代，需要高智能的“创造型”人才。因此，培养能力、发展特长，已成为当今世界教学改革的一个共同趋势。当代高职生尤其要注重学习能力的开发、培养和提升。

（一）注意与想象能力

1. 注意能力

注意是人的心理活动对一定对象的指向和集中，是伴随着各种心理过程的心理特性。任何实践活动，都离不开注意。根据个体自觉意识的参与程度不同，心理学将注意相对划分为无意注意和有意注意两种。我国古代思想家荀子说：“心不在焉，则黑白在前而目不见，雷鼓在侧而耳不闻。”苏联教育家乌申斯基说：“注意是心灵的门户。”这说明，人的心理过程，一旦离开注意，也就无法正常进行。对高职生来说，注意是感知的基础，是认真听课，深入理解教学内容，提高学习效率，保证学习质量的必要条件。

高职生注意能力的提升,可以从以下几个方面入手。

第一,养成良好的注意习惯。即要养成在任何时候学习,都要集中注意的习惯。例如,在学习一开始,就能立即集中注意;在学习过程中,仍能保持高度地注意,不让其分散;遇到困难或干扰时,能马上动员自己的注意力,强使自己去注意学习;学习结束时,仍能使注意保持紧张状态,有始有终,不虎头蛇尾等。

第二,善于运用有意注意与无意注意相互转化的规律。单凭无意注意是不够的,因为整个学习活动过程不可能都有兴趣,若遇到困难和干扰,需要有意注意参加;单凭有意注意则不可能持久,因为用过多的意志努力来维持注意,会使人很快疲倦。所以,在学习过程中有意注意和无意注意需要交替运用,使二者相辅相成。这样,就能使自己始终保持集中的注意,从而有效地学习。高职生一方面,可以通过各种方式来培养和提高自己的学习兴趣,从而产生无意注意为学习服务;另一方面,可以通过明确某一学习活动的目的与任务来发挥有意注意的作用。

第三,加强意志的锻炼,注重自制力的培养。高职生在学习过程中,常常会因为碰到一些自己感到枯燥乏味的东西或不感兴趣的学科而不愿意集中注意力,也常常会因为有外界富有强烈吸引力的刺激与干扰而分散自己的注意力。在这种情况下,就需要一个人具有坚强的意志,促使自己注意力的集中和稳定。因此,每一个高职生都要有意锻炼自己能在纷扰的环境中学习,学会“闹中求静”;要强迫自己去热爱自己所不感兴趣的学科;学习上遇到困难时,要勇于克服,不打退堂鼓等。

第四,用科学的方法保持注意力。在一个问题上集中精力久了,人就会感到疲劳,降低注意效率。所以,该学习时就应当专心地学习,该休息时就应当安心地休息,该活动时就应当痛快地活动。在学习过程中,高职生要学会把“看”“读”“写”“作”“思”结合起来,交替进行。同时,还要培养自己能在同一时间内将注意力分配到两种或更多的客体或活动上。例如,上课时必须学会一边听、一边记笔记。这样,既能有效地集中注意力,又能使注意力迅速转移。

第五,适当参加文体活动。有益的、适当的文体活动,有助于高职生的身心健康,可以陶冶情操、锻炼意志,可以使其在紧张的学习之余,得到积极、愉快的休息,消除疲劳,恢复体力,保证学习时注意力集中和精力充沛,从而提高学习效率。

2. 想象能力

想象是在过去感知材料的基础上,在头脑中创造出新形象的一种心理活动过程。爱因斯坦曾经说过:“想象力比知识更重要。因为知识是有限的,而想象力概括着世界上的一切,推动着进步,并且是知识进化的源泉。严格地说,想象力是科学研究中的实在因素。”如果没有想象,人就不可能有创造发明,不可能有任何预见。因此,每个高职生都必须十分重视自己想象力的培养。

想象分无意想象和有意想象。所谓无意想象,就是一种没有自觉目的、也不需做任何努力的想象,是不由自主而产生的想象。人在“走神”“想入非非”的时候,也就是无意想象。梦是一种典型的无意想象。科学家、艺术家的灵感,有时是由于无意想象而触发的。所谓有意想象,就是一种有自觉目的,有时还需做出一定努力的想象。有意想象又可分为再造想象和创造想象。所谓再造想象,就是根据某些形象的、语言文学的描述,而在头脑中构造出现实存在的、但又从来未见过的事物的形象。

高职生想象能力的提升,可以从下列几个方面入手。

第一,扎实打好基础,创造想象条件。任何想象都离不开基础知识,发展想象力首先要扎扎实实学好基础知识,掌握基本技能,扩大知识面,积累生活经验,为想象创造条件。例如,见过大海、听过潮声的高职生,在学习有关大海知识时就容易在脑海中映现出具体、清晰的大海形象。因此,要摒弃那些不切实际的错误想法,树立起“既异想天开,又实事求是”的作风。

第二,语言文字形象化,抽象概念具体化。高职生在学习过程中,要养成善于将一些语言、文字再造成图画和把一些抽象概念用具体的内容来描述的习惯。

第三,培养丰富情感,发展好奇之心。想象与情感密切相关,情感可以刺激想象。诗人、作家、音乐家、画家、演员等,在饱满而热烈的激情下,想象力高度发挥,创作获得成功。在学习中,高职生要注意培养自己丰富的情感,激发自己的学习兴趣,丰富自己的想象。另外,好奇心也是发展想象力的基础和起点。我们必须保持自己对周围事物和未知世界的兴趣和好奇,遇事多问几个“为什么”,提倡科学的怀疑精神，使大脑的想象功能不停地运转，持之以恒，必有好处。

第四，参加课外活动，重视课外阅读。课外活动是培养想象力的好天地。因此，高职生应当积极地参加一些有益的课外活动。例如，文学社团的创作活动和美术小组、音乐小组、摄影小组、小发明小创造小组等的活动。课外阅读也是发展想象力的重要途径。例如，适当读些科幻小说（包括看科幻电影、电视片等）、文艺作品（如古典名著等），一方面，可以提高自己对文学作品的欣赏水平；另一方面，还可以发展自己的想象力。另外，适当参加“编编故事、听听曲子、做做游戏、猜猜谜语”的活动，也是发展想象力的好途径。

（二）观察与记忆能力

1. 观察能力

观察是人们有目的、有计划、比较持久地认识某种对象的知觉过程。简单地说，所谓“观”，就是“看”；所谓“察”，就是“分析”。所谓“观察”，就是通过我们的眼睛来认识事物，联想问题，发现规律。观察是一种能力。具有敏锐、深刻观察能力的人，对事物看得全面，能迅速地抓住事物的重要特征和本质。没有观察，就不可能有丰富的想象和创造性的思维。

高职生观察能力的提升，可以从下列几个方面入手。

第一，提高观察的兴趣。为了提高观察兴趣，可以了解中外科学家成才的一些故事。例如，生物学家达尔文，从小就喜欢采集植物标本，亲自到美洲去进行长期的考察，提出了物种起源学说，成为进化论的创始人。我国明代著名医生和药物学家李时珍的《本草纲目》记载药物 1892 种，先后被译成英、法、德、日等十余种文字。他的伟绩，除了他“搜罗百氏、旁征博引”地总结前人的成果外，更重要的是他对这个领域强烈的兴趣也成就了观察的结晶。

第二，养成良好的观察习惯。观察是一种有目的的感知活动。在没有明确的感知任务时，对象往往是肤浅的、不完整的，明确了目的、任务去知觉某一事物后，知觉的对象就比较完整、清晰。因此，高职生必须养成有目的、有计划、有选择地进行观察的习惯。

另外,为了增强观察的持久性,高职生还必须培养长期观察的习惯。例如,学习气象知识,必须长期地坚持定时观测天气。

第三,培养良好的观察心理品质。

一是细心。即观察时要细致,不放过每一个细小的变化。不细心,就不能深入事物的精微,就不能留下深刻的记忆,就概括不出事物的规律。所以,观察不仅要亲眼看,还要深入看,要方方面面、里里外外看,要周密细致、精细观察。

二是耐心。对复杂事物的观察,特别是创造性的观察,往往需要付出艰苦的劳动,需要有顽强的毅力。有些现象稍纵即逝,需要进行重复观察;有些现象变化缓慢,需要长期观察;有些现象因试验失败,需要再试验重新观察,这些都需要耐心。

三是多思。在观察过程中,要边观察、边思考,多问几个"为什么"。观察不动脑筋,不积极思考,即使是新奇的东西放在眼前,也会错过捕捉的机会;而处处留心、善于思考的人,往往可以从人们习以为常的现象中获得重要的发现。因此,观察后要进行认真的思考、分析、比较、综合和概括,做出合理判断,做出正确结论。

四是求实。对观察结果要抱实事求是的态度,记录要真实,不能凭主观想象任意修正或人为地编造数据。若试验观察结果与预期的不一致,要查找原因,认真分析,改进后重新再做,直到成功为止。

五是求新。在观察时,既要注意意料中的结果,更要注意意外的新情况、新问题、新属性和新境界等情况,这有可能导致意想不到的重要事实的发现。

第四,掌握观察方法。

实验观察法。即通过动手实验观察,从而推导出结论来的方法。

对比观察法。即要在比较上下功夫,通过比较发现一些规律性东西的方法。在观察时,运用比较,可以更好地理解所观察的现象。

解剖观察法。即把被观察的物体各个方面或各个组成部分——分解开来,认真地进行观察,可以对事物了解得更加清楚的方法。

排列观察法。即把已知条件排列出来,通过对排列好的条件进行认真观察,从而得出结论的方法。

当然,观察的方法远不止以上四种,我们可以结合自己的学习特点和各自的学习风格来创造出更多行之有效的观察方法来。

2. 记忆能力

对经历过的事物能够记住，并能在以后再现或回忆，或者在它重新呈现时能再认识的过程，就叫“记忆”。用通俗的话来讲，记忆就是把看到的事物、听到的事情、学过的知识储存在头脑里，过后有人问到某些事物、某些事情或某些知识时，能准确地回答出来。

记忆是掌握知识的基本手段。记忆的过程，既是知识积累的过程，也是知识深化的过程。如果我们的记忆能力提高了，学习效率就必然会提高；反之，学习效率就必然会降低。记不住旧知识，就会影响新知识的学习；忘了公式、法则、定理，就会影响解题与思考；忘了字词，就会影响读书、写作；记不住必要的知识，就会影响考试。总之，没有记忆，就没有学习。因此，高职生在学习过程中，必须十分重视记忆能力的培养。

高职生记忆能力的提升，可以从下列几个方面入手。

第一，明确记忆的目的或任务。大家都有这么一种体验：无论干什么事情，如果目的或任务明确，积极性就高，效果就好。记忆也是如此，如果老师在讲课前告诉学生，这堂课讲的某些知识课后要提问，或者要测验，或者是今后考试的必考点，那么大家对这些知识记忆的效果就特别的好。所以，要提高记忆效果，必须在记忆前有明确的记忆目的或任务。

第二，树立“能记住”的信心。有些高职生在考试时，对某些试题，解题的思路是有的，但是某个知识或某个公式老是回忆不起来，所以考后老是埋怨自己记忆力太差。实际上，除了因某种疾病造成记忆力衰退的人以外，生来记忆力就差的人几乎是没有的。那么，为什么有的高职生老是记不住该记的知识呢？主要原因是这些高职生没有树立信心和没有明确的记忆目标。所以，高职生一定要树立起“我能记住”的信心。另外，还要给自己以明确的记忆目的或任务，强迫记忆，锻炼记忆，磨炼意志，进行艰苦的脑力劳动，相信记忆能力是能够得到逐渐提高的。

第三，提高对记忆内容的兴趣。实践证明，人们对感兴趣的内容记得就快、就牢；对不感兴趣的内容总也记不清，就是一时记住了，也会很快忘记。这是因为，人们对感兴趣的东西,大脑皮层就会处于兴奋状态,能使人全神贯注、精力集中,甚至达到废寝忘食的境地,因而这个学习内容就会在脑子里留下深刻的印象;反之,对不感兴趣的学习,就会产生一种“苦役”的感觉,大脑皮层会处于抑制状态。所以,高职生要努力提高对记忆内容的兴趣。

第四,要在理解的基础上记忆。理解是记忆的前提。只有理解了的知识,才能抓住实质,记准记牢。所谓理解,就是要懂得记忆内容的实际意义。即对某些知识不仅“知其然”,而且要“知其所以然”;不仅能回答“是什么”,而且能回答“为什么”。要想尽快地理解和记住新知识,就应当在新旧知识之间找到“联系点”,把新旧知识串起来。这样,对新知识的理解既不成问题,记忆也更容易持久;反过来,记忆又能帮助理解,知识多的人也往往是理解能力强的人。

第五,要积极发挥各种感觉器官的作用。记忆是客观事物通过各种感官作用于大脑的结果,而且各种感官协同活动效果明显优于单个器官的个别活动。有人通过实验获得如下数据:单凭听觉获得的知识,1 周后能记住 15%;单凭视觉获得的知识,1 周后能记住 25%;视听结合获得的知识,1 周后能记住 65%。可见,发挥各种感官的协同作用(眼看、耳听、口说、手写),对加强记忆是十分有利的。

(三)思维与创造能力

1. 思维能力

思维是人脑对客观事物的本质属性和内部规律性的概括的间接反映。简单地说,人的大脑思考问题的这种内部活动,就是思维。人类认识客观事物,学习基本知识,掌握基本规律,进行创造发明,都离不开思维。可以说,思维是整个学习活动的核心。

高职生思维能力的提升,可以从下列几个方面入手。

第一,要养成良好的思维习惯。在学习过程中,要努力培养自己爱动脑筋的好习惯。预习、听课、复习、作业和考试等各个环节,都要善于思考、勤于思考、独立思考,要多问几个“为什么”,多想几个“怎样办”,做到不依赖、不等待、不偷懒,不断增强好奇心,增加求知欲,增强独立性,增强创造性。课前、课后,都要敢于并善于提出各种各样的问题,敢于大胆质疑,不断解疑,并学会“于无疑处生疑”。

第二,要培养优良的思维品质。思维品质是思维能力的重要标志。在学习过程中,高职生应该有意识、有目的地培养自己优良的思维品质。优良的思维品质,可以概括为以下“八性”。

思维的敏捷性。即能够比较快地看出问题的本质,能抓住问题的关键,对突然出现的新问题、新情况能够快而正确地判断和决定。

思维的广阔性。即遇问题思路开阔,能从不同角度、不同方面,用多种方法、多种途径,去全面地思考问题、分析问题和解决问题。

思维的深刻性。即善于钻研问题,善于从复杂的表面现象中,发现最本质、最核心的问题。

思维的独立性。即能独立地思考问题,独立地寻求解决问题的答案;勇于独立判断,有自己的见解。

思维的逻辑性。即在思考问题时,能注重它的逻辑性和连贯性,指出的问题明确、不含糊,有理有据;解决的问题思路清晰,有条不紊,井然有序。

思维的灵活性。即能打破陈规,按不同的时间、地点和条件,不断地调整思维方法,能灵活地运用一般原则与原理来发现问题、分析问题和解决问题。

思维的批判性。即能善于根据客观事实和情况,冷静地思考问题、分析问题和解决问题,能明辨是非,不唯上,不人云亦云。

思维的创造性。即能敢于标新立异,不苟同于传统的或一般的答案和方法,善于发现新事物,提出新见解,解决新问题,拿出新方案。

第三,要重视各种思维形式的发展与训练。高职生既要发展抽象思维,又要发展形象思维。抽象思维,是对事物间接的概括的认识,它用抽象的方式进行概括,并且用抽象的材料(概念、理论、数学等)进行思维;形象思维,则是主要用典型的方式进行概括,并且用形象材料来思维。高职生既要训练正向思维和集中思维,也要训练逆向思维和发散思维。正向思维,是“由因寻果”,正面进攻;逆向思维则是“由果溯因”,反面出击。集中思维是由“四周向一点”集中;发散思维则是由“一点向四周”辐射。在学习过程中,高职生一般比较注意正向思维和集中思维的训练,但会忽视逆向思维和发散思维的训练。实践证明,重视逆向思维(如逆用公式、法则、定理)和发散思维(如“一题多解”“一事多写”。的训练,对培养和提高高职生的思维能力是非常必要的。

第四,要掌握一些基本的思维方法。

分析与综合。分析与综合是最基本的思维方法。所谓分析,就是对研究的对象进行分解和剖析,以达到认识对象的各个部分或各个方面在对象整体中的性质、作用的思维方法。所谓综合,就是将研究对象的各个部分或各个方面有机地结合起来,以达到认识对象整体性质的思维方法。分析与综合是彼此相反但又互相紧密联系的思维过程。分析以综合为目的,综合又以分析为基础,它们之间既互相作用又互相制约。

抽象与概括。抽象,是从复杂的事物中,单纯地抽取某种特性加以认识的思维方法。它是使感性认识上升到理性认识的重要手段。概括,是把抽象出来的若干事物的共同属性归结出来进行考察的思维方法。即从个别推到一般的思维方法。抽象与概括是不可分割的统一过程。在进行概括时,总要略去个别事物的某些特性,否则就不能突出事物的共同性质。因此,抽象是概括的基础与前提,没有抽象,就无从概括;同时,概括又是抽象的目的,没有概括,抽象也就失去了意义。

比较与分类。比较,是确定有关事物的共同点和不同点的思维方法。比较的过程,是先对有关事物进行分析,区分每个事物各方面的特征,再将有关事物按其特征进行对比,得出哪些方面具有共同性,哪些方面又有区别性,从而鉴别这些事物之间的异同。比较是概括的基础。通过抽象得出的属性,是在比较以后才能认识其共性与个性的。分类,是以比较为基础,按照事物之间性质的异同,将相同性质的对象归入一类,不同性质的对象归入不同类别的思维方法。每一次分类,都应按照同一标准进行,所取的标准应服从于研究的目的或观察问题的角度。分类的目的,在于使知识组成条理,并进而系统化,促进认知结构的发展。

联想与猜想。联想,是联系已有的知识和经验,由一个事物想到与其相关联的另一个事物的思维过程,是一种由此及彼的思维方法。联想的关键,在于认识事物之间的联系。联想是在分析、综合和比较中展开的。联想是有规律可循的。猜想,是对研究对象或问题进行观察、实验、分析、联想、类比和归纳等,依据已有的材料和知识做出符合一定的经验与事实的推测性想象的思维方法。猜想不是“胡思乱想”,而是一种合情合理的推理。猜想属于综合程度较高的并且带有一定直觉性的高级认识过程。猜想又分类比性猜想、归纳性猜想、探索性猜想和仿造性猜想等。

2. 创造能力

创造能力是人的一种智力因素和非智力因素相结合的高级能力。培养具有创造能力的人,是当今时代的要求、社会的需要。未来社会对人才的标准不是看他掌握知识的多少,而是看他驾驭知识和解决问题的能力,尤其重要的是看他创造思维的发展水平,他的见地、发明、创造和对社会所做的贡献。

高职生创造能力的提升,可以从下列几个方面入手。

第一,树立志向。志向是一种内在的强大动力。高职生要培养创造能力,首先就要牢固树立起为国家、为人民造福的远大而崇高的志向。只有这样,创造能力才有正确的方向和源泉,才能产生战胜困难的顽强意志力。

第二,增强创造意识。高职生在学习过程中,要在老师的帮助下,增强创造意识;掌握一些新奇独特、超越传统的认识事物的方式和别出心裁地考虑问题的方法;学会从特异的角度来观察问题、提出问题;对老师讲的、课本上写的、专家权威说的,要敢于提出不同的看法。在任何时候,都要敢于猜想、敢于联想,进而善于幻想、善于猜想、善于联想。高职生在学习过程中,必须改变死记硬背的学习方法,不依赖老师,不迷信老师,要运用自己的智慧,积极、主动地和老师共同探索问题、发现真理,从而不断增强创新意识,发展创造才能。

第三,善于观察。观察是人们认识事物的起点,是迈向创造的第一步。从观察向创造迈进,除了要有一般的观察能力外,更重要的是要善于观察。这也就是说,要把眼睛训练成具有望远镜和显微镜的功能,做到“见常人所未见、识常人所未识”。爱迪生一生有近2000项的新发明,无疑是他比别人更善于观察。这种观察能力又是从小就开始培养的。例如,爱迪生为了观察鹅下蛋,就独自守在鹅笼旁从早到晚仔细观察,连中午饭都不去吃,直到看清鹅下蛋后,才心满意足地离开鹅笼;当他听到母亲讲火的故事,为观察火的现象,他竟在自己家里放起火来。由于爱迪生善于观察、善于思考,最终成为最伟大的发明家。

第四,敢于质疑。敢于质疑是创造活动的特征。高职生在学习和生活中,首先要敢于质疑,做到不迷信、不守旧、不唯书、不唯上,敢于发表自己的见解,敢于“打破砂锅问到底”。其次,要善于质疑,善于发现问题,善于从无疑处生疑。

第五,勤于实践。实践是创造发明成功的重要条件。因此,高职生要做到乐于动手,即要亲自做实验、操作仪器,制作或改革工具,制作各种模型,修复各种电器、家具、车,甚至洗衣服做饭等;会正确地使用各种工具、仪器和仪表,能够用正确的方法和技术进行实验或实习操作;能正确迅速地得出实验的结果,并加以整理。同时,还要善于用准确的文字、数据和图解,写出实验记录或报告;积极参加学校或班级组织的各种课外兴趣小组活动,如科技活动、小实验、小制作、小发明、学科竞赛等活动,以扩大视野、激励创新、训练和培养创造才能。

(四)表达与解题能力

1. 表达能力

表达能力,是指人们运用语言和文字阐明自己的观点、意见或抒发感情的能力。它主要包括口头语言表达能力(简称“口头表达能力”)和书面语言表达能力(简称“书面表达能力”)。

高职生口头表达能力的提升,可以从下列几个方面入手。

第一,了解口头语言表达的具体要求。毛泽东曾在1929年12月撰写的《十大教授法》一文中,提出了四条关于语言的要求,即说话通俗(新名词要释俗);说话要明白;说话要有趣味;以姿势助说话。也就是说,口头语言表达要做到“明白为本,通俗为干,趣味如花,姿势如果”。

第二,多看。所谓多看,就是多阅读、多观察。为此,高职生要用心多读一些专业书,尽可能地熟悉专业知识;同时,还要用心阅读其他学科的书籍,如语言学、心理学、美学、讲演学、哲学及有关专业知识的书籍。所谓观察,就是运用自己的感官(眼、耳、鼻、舌、身)摄取周围的各种信息,并把它们贮存在大脑里,以供大脑的分析、选择和加工。要养成写观察日记的好习惯。阅读和观察都是有规律可循的,要在"多看"的实践中,掌握一些阅读与观察的技巧。这是高职生培养口头表达能力的第一步。

第三,多练。除了"多看"之外,还要"多练"。良好的口头表达能力不是天生的,而是后天刻苦训练得来的。朗读、朗诵是锻炼口头表达能力的有效方法。经常找一些材料进行朗读、朗诵,是培养高职生口头表达能力的重要途径。

"练"可以单独练,对着镜子练,对着实物练,请人指导帮着练。同时,还应抓住一切时机练,在课堂上、在会议上,要积极争取发言。既可以在正式场合上多讲,也可在非正式场合上多讲;既可以对熟悉的人讲,也可以对陌生的人讲;既可以到"小人物"中间去讲,也可以到"大人物"中间去讲。长此以往,口头表达能力必然提高。

高职生书面表达能力的提升,可以从下列几个方面入手。

第一,了解书面语言需要具备的条件。包括正确使用词语,语句生动、合乎逻辑,恰当使用修辞方法,巧妙地运用模糊词语等。

第二,掌握文章的写作要领。首先是提炼主题。主题要正确、集中、鲜明、深刻和新颖。其次是选择题材。题材要具体、生动、丰富。再次布局谋篇要围绕中心进行。最后详略要得当。

2. 解题能力

高职生解题能力的提升,可以从下列几个方面入手。

第一,认真审题。所谓审题,就是理解题意,分清题目中的已知与未知,寻找解题的思路与方法。审题是否认真、仔细和全面,是关系到解题成败的关键。因此,养成认真审题的习惯,对提高解题能力作用很大。

第二,要吃透典型例题。首先要"吃透"例题。所谓"吃透",就不是模仿,而是要从本质上去把握它。例如,这个例题属于什么类型的题目?它的功能是什么?除了课本的解法以外,还有其他什么解法?若把例题条件或结论改变一下,又应该如何来解?通过这个例题,从中可以揭示出什么规律性的东西来?等等。养成在做习题之前"吃透"例题的好习惯,你的解题能力必将会提高很快。

第三,处理质与量的关系。要学好一门功课,首先作业和练习要达到一定的量。苏步青教授在学生时期曾经做过一万个微积分题目，他认为要真正把知识学到手，“一定量的重复是很有必要的”。但是，追求量千万不能忽视做题的质，质较量更为重要。除了要有一定“量”做保证外，更要注意解题的“质”。

第四，正确对待难题。在学习过程中，每一位同学都会遇到难题。学习中遇到难题时，一般采用如下办法去解决。首先，扎实基础，独立思考。应当反复阅读教材和笔记，认真思考和领会，使自己对知识的理解达到融会贯通的程度。其次，暂时搁置，待后再解。经过自己的独立思考，如果问题仍得不到解决，这时最好暂时放下来，搁置它几天，不去想它，过段时间再研究。当再捡起它重新研究的时候，也许往往会变得容易得多，难题也就不难了。最后，请教别人，指明思路。通过以上努力，如果难题还仍得不到解决时，就有必要请教老师和同学，与他们一起讨论，寻求解决难题的办法。但要注意在寻求帮助时，不要让人家讲透，只求在思路上点拨一下即可。

第五，归类训练，总结规律。有的高职生虽然做了不少的习题，甚至做了一些难题，但是解题能力仍然提高不快。其中，主要原因，就是不善于总结解题的规律，不善于归纳和提高。所以，如果你能利用一段时间相对集中钻研同一类型的题目，并在做题时认真总结做题规律，你就会在短时间内取得较好的学习效果。

（五）操作与自学能力

1. 操作能力

第一，明确操作目的。有无明确的操作目的，操作效果会截然不同。只有操作目的明确，才能有操作的正确定向，才能有操作的高度自觉性，才能有操作的速度和质量。

第二，端正操作态度。态度端正，就会自觉努力，减少差错。首先，要防止怕脏、怕累的思想，要锲而不舍，不达目的不罢休。其次，要克服盲目行动，做到手到心到、一丝不苟、精益求精。

第三，掌握操作方法。前人实践中获取的成功方法，都是行之有效的。掌握这些方法的捷径如下。

模仿法,即以操作步骤为依据,以实习指导老师的示范操作为榜样,模仿老师动作进行练习,注意模仿的准确性。

重点突破法,即重复练习某一动作,以操作的薄弱点为重点循环练习,灵活运用操作知识变换练习,直至熟练掌握。

心理构建法,即在动作练习之后,要在头脑中对有关知识进行分析、加工和组合,专心致志地想象某动作过程和要领,通过心理练习总结规律,效果最佳。

探索创新法,即拟定改进操作规程的方案,进行探索练习,不要怕失败,要不懈探索,力争有所发现、有所创新。

第四,利用技能迁移。已经掌握的技能对新技能既有积极影响,也有消极影响。新旧技术相似性越大,技能迁移的关键,是弄清新旧技能的异同,扩大积极影响,有意排除消极影响,纠正顽固性错误,排除干扰,促进新技术掌握。

2. 自学能力

培养自己的自学能力是知识经济时代激烈竞争的迫切要求,是高职生自我发展的一项战略任务。

第一,培养明确的自学动机。高职生培养自学能力,先必须明确自己真正的需要是什么,才能进一步培养自己明确的学习动机。明确自己的需要以后,便要促使自己产生在学习或其他竞争中取胜的愿望。强烈的取胜愿望,是形成自学动机的基础。

第二,锻炼持久的自学毅力。自学必须能够做到持之以恒,一曝十寒则不会取得好的效果。所以,进行自学,须具有坚强的毅力。

第三,确定准确的自学目标。自学目标是有层次的。自学要有总体目标,反映自学的总方向和目的。例如,要自学英语达到四级水平,这就是一个总的目标。总目标之下是自学的阶段目标,它反映自学的不同阶段要达到的目的。例如,自学英语,什么时候过单词关?什么时候过语法关?什么时候过听力关?什么时候过口语关等,都可以制定相应的阶段目标。

第四,制订详细的自学计划。自学计划一般包括两个部分:一是自学的内容,二是自学的进度。

自学的内容是由自学的总目标所决定的。我们自学的内容,最好是根据自己所学的课程和自己的特长爱好来确定。自学内容确定后,便要制订自学的进度。即在自己所能利用的自学时间里,合理安排已经确定的自学内容。自学的时间有长有短,如寒暑假是较长的自学时间,课前、课后,饭前、饭后及入睡前后则是较短的自学时间。所以,对于自学时间,要学会精打细算,合理安排。

第五,及时检验自学的质量。自学有一定的周期性和阶段性,每当一个周期或阶段结束时,我们必须对自己的自学效果进行一番检验,以便巩固前面的自学成果,为下一步的自学活动打下良好的基础。

第六,善于使用工具书与网络。自学活动都是自己独立进行的,没有老师的指导,高职生在自学中遇到许多问题,可以依靠工具书或网络解决。所以,高职生在自学活动中,要学会和善于使用工具书与网络。工具书,是根据人们的特定需要,以特定方式编排的,为人们迅速提供某种知识或文献线索的特定类型的文献。工具书包括字典、词典、百科全书、索引、年鉴、手册、名录、地图、地名词典、书目、文摘等类型。

在使用工具书时,应当注意:首先,要善于选择恰当的工具书;其次,要做到熟练地使用——翻阅和检索工具书;最后,要做适当的笔记。

网络,是目前学习的一种电子媒体。利用网络学习,已成为现代人学习的重要途径。

第三节 高职生常见的学习心理障碍

一、学习动力缺乏与学习动机过强

(一)学习动力缺乏

高职生的学习动力缺乏,是指学习没有内在的驱动力量,没有明确的学习方向,无知识需求,更无学习兴趣,厌倦学习,尽力逃避学习。这也是很多学生常说的“学习没劲头”。学习动力缺乏的主要表现在以下方面。

第一,尽力逃避学习。不愿上课;上课无精打采,不能积极思维;无成就感,无抱负和期望,无求知上进的愿望。

第二,焦虑过低。缺乏学习的自尊心和自信心,不相信自己有学好的潜力,学不好也不会感到丢面子。这就会使他们缺少必要的压力,缺少必要的唤醒水平和认知反应,懒于学习。

第三,容易分心。学习动力缺少会使注意力差,不能专心听课,不能集中思考,兴趣容易转移,学习肤浅,易受各种内外因素的干扰,满足于一知半解。

第四,厌倦、冷漠。学习动力缺乏常会导致厌倦情绪,对学习冷漠、畏缩。

第五,缺乏正确的学习策略和方法。学习动力缺乏者不会主动地寻找适合自己的灵活变通的学习策略和方法,因而常常难以适应新的学习情境。

增强高职生学习动力的对策是什么呢?

这个对策包括社会、学校、高职生个体三方面。社会方面,如尊重知识和知识分子的社会氛围,提高知识分子社会地位和经济待遇的政策。学校方面,创造良好的学习气氛和竞争环境,严格学习纪律和奖惩条例,提高教学质量,改进知识体系等。高职生自身,进一步了解专业特点及在社会发展中的作用,提高学习兴趣,端正学习动机,通过参与社会实践、了解国情来增强社会责任感,在学习实践中体验获得知识的乐趣,尤其在创造性的劳动中感受喜悦,在战胜困难中增强勇气和自信。

(二)学习动机过强

高职生的学习动机过强,通常表现为成就动机过强。有些人由于对自己的能力缺乏正确的认识,做过高估计,所树立的抱负与期望远远超过自己的实际水平,因而不但不能使自己专注于学习,还会造成心理上的不平衡,内心潜藏着威胁自己的莫名恐惧。由于心理压力太大,最后多半导致失败,而失败的体验又会挫伤自信心和自我效能感,最终可能会使抱负和期望变得很低。因此,不切实际的成就动机越强,心理压力就越大,失败的可能性也越大。要避免学习动机过强,尤其是成就动机过强,需要高职生对自己的能力有充分的正确认识,使自己的抱负与期望切合自己的能力发展,既不好高骛远,也不操之过急;制定切实可行的、与自己的远大目标相结合的阶段性目标,脚踏实地,循序渐进;把关注点聚焦在学习活动中,而不是总在设想成败后果;淡化名利得失,这样反而更有效率,更能发挥水平,更有成功的希望。

二、学习浮躁与学习畏难

(一)学习浮躁

浮躁心理是现代人的通病之一。浮躁心理体现了心境和情绪上的波动性,具体表现为行动盲目,缺乏思考和计划,做事心神不定,缺乏恒心和毅力,见异思迁,急于求成,不能脚踏实地等。

1. 盲目性

目前,高职生中"一张文凭、多种证书"的风气盛行。据统计,参加考证的人中在校学生的比例占了50%以上。考证主要是"充电",为将来重新进行职业设计打基础,多一个证书等于是多了一项谋生的"资本"。这似乎是未雨绸缪的有计划性的表现。然而,细究起来却未必如此。学子们为考证付出的代价也是巨大的。据统计,高职生四年为考证花费平均为两三千元,高的甚至有近万元。考证加重了高职生的经济负担还在其次,更主要的是干扰了他们在校的正常学习。而且现在一些证书"含金量"其实并不高,证书多并不代表综合素质高。为考证而浪费了在高职时期宝贵的专业学习和训练机会,这不见得是一个明智的选择。

2. 急功近利

应试教育带来的后果对高职生学习的影响也是重大的。一种后果是,好多学生在高考过后好像就没有了明确的学习目标,进了高职迷迷糊糊的,不知道自己要干什么,日子混混就过去了。另外一种后果是,这种功利色彩在高考过后仍然顽固地伴随着高职生们。有同学说:"学物理,想开宝马车就不可能了。"这是一种可怕的价值错位。许多考上研究生的同学平时学习成绩一般,只是应付考试,表现出对考试的不耐烦。还有同学说:"如果不想出国,90分和60分没什么区别。"这样,一些急功近利的心理,使得高职学生们无法真正静下心来钻研学问。

3. 见异思迁

“高职生创业”是现代社会的一个热点。许多学生被一些媒体过多的过于夸张的渲染所误导而下海了。实际所谓高职生创业，仅仅是极个别有某种特别天赋和特殊机遇的高职生下海经商成功；对于大多数在校学生来说，创业是有些不切实际的。就拿生命科学专业来说，想只凭两三年的学习积累去创业，根本不可能。连最基本的知识能力都不具备，谈何创业？

4. 不求甚解

高职的学习具有广博而精深的特点，这要求学生不但能认识到事物的表面形象和外部联系，还要进一步对信息加以思考、分析、比较、综合、抽象和概括，从而形成概念。浮躁心理使得个体不能集中注意力，不能深入地理解内容。心理浮躁的个体只满足于一般的理解。他们在阅读学习材料时只是走马观花，或是“一目十行”。对于学习内容不求甚解是浮躁心理的一个重要表现。

如何克服学习上的浮躁心理呢？

第一，要立长志，而不是常立志。这点对于防止浮躁心理的滋生和蔓延是十分有利的。立志要注意两点：一是立志要扬长避短。有些人立志凭心血来潮，看到什么挣大钱，就想做什么工作，往往不考虑自身条件是否可行，这种立志者多数是要受挫的。立志要慎重考虑，充分考虑志向的可行性。志向的确立应兼顾社会需要和自身的特点，这样才会有成功的希望。二是立志要专一。志不在于多而在于恒，要学会坚持。爱迪生做了将近一万次的实验才发明了电灯。

第二，重视培养“思而后行”的习惯。习惯是经过反复练习而形成的较为稳定的行为特征，学习习惯是指学生为达到好的学习效果而形成的一种学习上的自动倾向性。为了克服学习上的浮躁心理，要培养学生养成思而后行的习惯。在做事之前要经常问自己这样一些问题：“我为什么要这样做？这样做以后会有什么结果？如果我真的要去做的话，我最好应该怎样做？”并且要将这些问题的答案写在纸上。这样做的好处是，使得行为的目的明确，言行、手段具体化。成竹在胸，就不会产生浮躁的心理了。

第三，有针对性地“磨炼”。我们还可以采取一些措施，有针对性地“磨炼”自己的浮躁心理。练习书法、学习绘画、弹琴、解乱绳结、下棋等,这些活动都有助于培养耐心和韧性。

第四,心理暗示。我们可以用自我暗示的方法来控制自己浮躁情绪。在我们学习的时候可用语言进行自我暗示,“不要急,急躁会把事情办坏”,“坚持就是胜利”“欲速则不达”等。只要坚持不懈地进行这种心理练习,浮躁的毛病就会慢慢改掉。

第五,培养学生养成做事有始有终的习惯。不焦躁,不虚浮,踏踏实实做每一件事。一次做不成的事情就一点儿一点儿分开做,积少成多,聚沙成塔,累积到最后即可达到目标。

(二)学习畏难

畏是恐惧的意思,它是个体企图摆脱、逃避某种情境时产生的情绪体验。难是困难的意思,又叫作挫折,它是个体从事有目的的活动受到阻碍或干扰,以致其动机不能得到满足时产生的情绪波动和心理防御的过程。学习的畏难心理是指个体在学习的活动过程中遇到一些阻碍和干扰,使得需要难以满足,于是产生了害怕学习的心理。

学习畏难心理主要表现为在学习上碰到挫折的时候选择了逃避的行为。逃避主要有三种表现方式。

1. 逃到另一“现实”中

这种情况在高职生中比较常见。某些高职生过去在学习上一直很努力,但由于种种原因受到挫折后,他们往往不从主观上分析原因,而是一改过去的刻苦学习,变得对学习漫不经心,得过且过,同时在娱乐和谈朋友上倾注其精力。高职生逃避与自己成长与发展关系最直接的学习环境而投入到其他活动中去,这可能在某个时候有一定的缓解作用,但不能真正消除内心的紧张。因为紧张的心理会以“潜意识”的方式转入另一现实中。

2. 逃向幻想世界

有些高职生学习不好考试失败后,幻想将来克服困难取得好分数走上好的工作岗位的愉快景象,这可能使他们鼓起勇气学好功课,但如果不面对现实,一味耽于幻想,会使其最终不能适应学习生活。

3. 逃向疾病

有些学生一到要考试的时候就会生病。他们不自觉地将心理上的困难转换成为身体方面的症状,借以摆脱他人对自己学习不好的责备,而维护自我的尊严。

学习上的畏难心理还表现为不愿意与人谈起自己的学习情况,降低自己的学习要求,逃课,见到老师就头痛,等等。

如何克服学习上的畏难心理呢?

第一,正确认识学习上存在的困难。正确认识学习上存在的困难是解决学习问题的关键所在,而及时有效地解决问题可以防止畏难心理的产生。高职生学习上的困难大多是由学习方法不当而造成的。因而了解高职学习的性质,探索新的适合的学习方法是克服畏难心理的有效途径。

第二,改变不合理的观念。畏难的心理与其说是由困难引起的,还不如说是由个体对这些困难的认知所引起的。高职生在学习上的畏难心理,也可以是由高职生认知方面的偏差引起的。有些高职生把学习上的失败看作是不该发生的,他们认为高职生活应该是愉快的。也有些高职生常常以片面的思维方式来看待事物,简单地以个别事件来断言全部生活,一叶障目,不见泰山。一次考试不尽如人意就认为自己彻底失败,不是读书的料,从而害怕学习;也有些学生在学习上遇到一些小挫折,就把后果想象得非常可怕。比如,一门功课考试不及格,就认为自己能力不行,学不下去,毕不了业,找不到工作,人生没前途,生命没价值。只有改变不良的认知方式,纠正错误的观念,才能实事求是地评价学习中出现的各种困难,从困难中看到希望。

第三,勇于实践。为了克服学习上的畏难心理,应该主动地投入到学习活动中。最大的恐惧就是恐惧本身。当我们害怕学习的时候,我们反而要去亲近学习。在面对学习困难的时候,我们可以从一些简单的学习活动开始,有计划、有步骤地展开学习活动。由易到难,最终把握学习活动。

第四,优化个体自身的人格品质。学习上出现畏难心理也与人格特征有关。

性情急躁、心胸狭窄、意志薄弱、缺乏自知之明的人更容易在学习上产生畏难心理。为了克服畏难心理,高职生应主动地培养自己良好的人格品质。乐观自信可以鼓起我们战胜困难的勇气,自强不息可以铺平通往成功的道路。学习的路途是坎坷的,只有坚强不屈、顽强拼搏的人才能走到光辉的尽头。

三、考试焦虑与考试怯场

高职中考试科目多、内容杂、复习迎考任务重。因此,在考试前后,高职生普遍地感到疲惫不堪、精神紧张、心理压力沉重,常常会出现各种心理障碍或消极心理,如过度焦虑、考试怯场等。

(一)考试焦虑与考试怯场的表现

过度考试焦虑就是担心自己考试失败有损自尊的高度忧虑的一种负性情绪反应。表现为紧张恐惧,心烦意乱,喜怒无常,无精打采;胃肠不适,可能出现原因不明的腹泻、多汗、尿频、头痛、失眠;记忆力减退,注意力不易集中,思维迟钝,学习效率下降等。

考试怯场是过度焦虑在应考中的急性反应,是学生在考试中因情绪激动、过度焦虑、恐慌而造成思维和操作困难的一种心理现象。主要表现是:心跳加速、呼吸急促、满脸通红、出汗、头昏、烦躁、恶心、软弱无力、思维迟钝等,有时全身颤抖、两眼发黑,甚至昏倒(晕场)。学生常讲的"考前背得滚瓜烂熟的内容忘得一干二净,大脑中出现一片空白"就是怯场等。

(二)考试焦虑与考试怯场的原因与防治

产生过度考试焦虑的原因主要是,学生把分数看得过重,对以往的考试失败疑虑重重;过分自尊,但对自己缺乏自信,担心因考试失败而损害了自己的形象;担心考试失败影响自己的前途;担心自己对应试缺乏充分准备;性格内向拘谨等。

防治过度考试焦虑(包括考试怯场)的方法如下。

1. 端正对考试的认识

明确考试只是衡量学习好坏的手段之一,考试成绩不能全面反映一个人的学习能力和知识水平，更不能决定一个人的前途和命运，不必把考试成绩看得太重；懂得产生考试焦虑的根源是自身而不是考试，相信人可以用理智和意志来控制和调节情绪。

2. 认真学习、复习，制订合适的目标

平时刻苦勤奋，考试时就会“艺高胆大”，充满信心；考前应全面复习，尽量熟悉考试要求、题型、时间、地点等，做到心中有数；正确评价自己，既相信自己的能力，又能实事求是，不作过高期望，期望越高，压力也越大，就容易焦虑。

3. 保证身体健康

考前应加强营养、劳逸结合、睡眠充足，保证有充沛的精力和清醒的头脑以及良好的身体状态。

4. 考场的处理

如果考试时，由于焦虑感很强烈，以致思维混乱或一片空白，手脚发颤，头昏脑涨，此时，应该立即停止答卷，闭眼、放松，做几次深呼吸，深长、均匀而有节奏；反复地自我暗示：“我很安静”“我很放松”；适当地舒展身体。待情绪趋于镇定后，再答题。

5. 寻求心理咨询

考前若感到自己难以克服过度考试焦虑或曾出现过几次“怯场”现象，应积极寻求心理咨询帮助。心理咨询师可通过自信训练、放松训练和系统脱敏法等来做矫治。

第六章　高职生的情绪管理

在日常生活中，人们体验着各种各样的情绪，有时欣喜若狂，有时焦虑不安，有时孤独恐惧，有时舒适愉快等。高职生正处在青年初期，情绪波动较大，情感体验复杂而丰富，经常会面临诸多情绪困扰，引导高职生正确的认知与管理自己的情绪，将会对其学习、生活和身心健康产生积极的影响。

第一节　情绪概述

关于情绪的研究，由来已久。然而到目前为止，人们对情绪的理解还是存在着不同观点。那么，何谓情绪呢？

一、情绪的含义

情绪这个词在南北朝之前是只用一个“情”字而不是作为一个词使用。荀子曾说“性之好、恶、喜、怒、哀、乐谓之情”。“绪”是丝端的意思。“情绪”连用便表示了感情复杂之多。李煜的名句“剪不断，理还乱”就形象地表现了情绪的复杂性及其难以辨清和加以控制的特点。而在西方历史上，早在公元前 4 世纪，亚里士多德就已经开始研究情绪。到了 17 世纪，笛卡尔认为情绪是控制人类活动的活力因素。

心理学界对情绪的定义不尽相同，国内学术界较多提出的定义是人对客观事物是否符合自己的需要而产生的主观态度的体验。与生物性需要是否获得满足而产生的态度体验一般称为情绪，与社会性需要是否获得满足而产生的态度体验称为情感。情绪和情感紧密联系在一起。俗话说：“人非草木，孰能无情？”人若无情，对五光十色的大千世界就会觉得平淡无奇；对千变万化的社会生活也会觉得索然无味。人生在世,有生、老、病、死,有荣、辱、得、失,所以就有与之相应的喜、怒、哀、惧。当你在一场紧张的考试中取得好成绩的时候,你会感到快乐;当你被别人欺骗、愚弄的时候,你会感到愤怒;当你在漆黑的夜晚独自走在荒凉小路上的时候,你会感到恐惧。快乐、愤怒、恐惧、悲哀、厌恶,以及爱与恨、骄傲与羞耻等,都是我们常常体验到的情绪情感活动。

情绪是由客观事物引起的,离开了具体的客观事物,人不可能自发地产生情绪。世界上没有无缘无故的爱和恨。引起情绪情感的客观事物是多种多样的,有外部的也有内部的,如春光明媚、空气清新,使人感到振奋、舒畅,这是由自然现象引起的情绪情感;美好的事物令人爱慕,丑恶的现象使人憎恶,这是社会现象引起的情绪情感;我们为事业的成功而高兴,为工作中的失误而懊悔,这是由人的行为本身所引起的情绪情感;疾病缠身,久治不愈,会使人心情不畅、情绪抑郁,这是由机体内部因素所引起的情绪情感。

情绪情感的性质是以客观事物能否满足人的需要为中介的。情绪情感是由客观事物引起的,但却不是由客观事物本身决定的。决定人情绪情感性质的是客观事物与人的需要之间的关系。凡能满足人的需要,符合人的愿望的客观事物,就能使人产生满意、愉快、喜爱等积极的内心体验;凡不能满足人的需要或违背人的愿望的客观事物,就会使人产生忧伤、不满、厌恶等消极的内心体验;与我们的需要没有什么关系的事物,也就不会引起什么体验。因此,情绪情感也是人脑对客观事物的反映,但它反映的不是客观事物本身,而是客观事物与人的需要之间的关系。

二、情绪的维度和类型

为了更好地理解情绪,我们从情绪的构成维度和情绪的类型两个方面进行分析。

(一)情绪的维度

人的情绪是多样而复杂,容易变化。这些特征的变化幅度又具有两极性,每个特征都存在两种对立的状态。具体说来具有以下四个维度。

1. 动力性

动力性有增力和减力两极。一般而言，当个体的需要得到满足时产生的积极情绪可以提高人的活力，是增力的；当个体的需求得不到满足时产生的消极情绪会降低人的活力，就是减力的。

2. 激动性

激动性有激动和平静两极。激动由重要事件引起，是一种强烈的外显的情绪状态，如狂喜、极度恐惧等；平静是一种平稳安静的情绪状态，是正常工作、学习和生活的基本情绪状态和基本条件。

3. 强度

强度有强、弱两极。情绪体验的强度首先取决于对象对人所具有的意义，意义越大，引起的情绪就越强烈。此外情绪体验的强度还取决于个体对自己所提出的要求以及个体的需求状态。

4. 紧张度

紧张度有紧张和松弛两极。在紧张度方面，情绪体验通常与活动的紧要性、决定性相联系。如在考试、演讲和运动比赛等重要活动之前，人们都可以体验到紧张的情绪。活动成败对人的意义越重要，则关键时刻到来时的情绪就越紧张。关键时刻过去之后，则可以体验到轻松或紧张的解除。紧张并非坏事，一般有助于个体全身经历的动员和注意力的集中。当然，紧张可能对活动产生有利的影响，也可能起抑制作用而使动作失调，从而妨碍活动的正常进行。

（二）情绪的类型

人类的情绪究竟有多少种？恐怕没有人能说得清。情绪既有类型的不同，又有程度上的细微差异，例如：

愤怒：生气、愤恨、发怒、不平、烦躁、敌意、暴力。

恐惧：焦虑、惊恐、紧张、慌乱、忧心、警觉、疑虑。

快乐：如释重负、满足、幸福、愉悦、骄傲、兴奋、狂喜。

爱：认可、友善、信赖、和善、亲密、挚爱、宠爱、痴恋。

惊讶:震惊、惊喜。

厌恶:轻视、轻蔑、讥讽、排斥。

羞耻:愧疚、尴尬、懊悔、耻辱。

为了便于人们理解情绪,心理学是从基本情绪、与他人有关的情绪、与自我有关的情绪等方面对情绪进行分类研究的。

1. 基本情绪:快乐、愤怒、悲哀、恐惧

人的基本情绪类似本能反应,直接关系到人的生存与适应,也是人类复杂情绪的基础。中国古代常见的一种观点是将人的基本情绪概括为七种,即"七情说",分别是恐、怒、忧、思、悲、喜、惊。现代心理学家对基本情绪种类的看法存在争议,提出了"四情说""五情说""六情说",但大多数人认可"四情说",即:快乐、愤怒、悲哀、恐惧。

(1)快乐,又称愉快,指所期待的目标得以实现或需要得到满足之后,内心的紧张状态解除时所产生的一种轻松、满意的情绪体验。引起快乐最主要的情境条件是一个人追求并达到了目标。快乐的程度取决于多种因素,包括所追求目标价值的大小、在追求目标过程中所达到的紧张水平、实现目标的意外程度等。如果追求的目标价值很高,一旦得到则会引起异常的快乐。如果追求目标的过程十分紧张、充满挑战,比如,激烈的体育比赛、关键性的考试,获胜者必然欣喜若狂。一种强烈的快乐往往是那种出乎意料、突然降临的收获,即所谓的喜从天降。一般来说,快乐是一种积极的情绪,但是高兴过度、忘乎所以,也会产生消极作用,甚至乐极而生悲。

(2)愤怒,是由于外界事物或对象再三妨碍和干扰,使个人的愿望受到压抑,目的受到阻碍,从而逐渐积累起来的紧张情绪。愤怒的程度取决于干扰的程度、干扰的次数与挫折的大小。根据愤怒程度的不同,可将愤怒分为不满意、生气、愠怒、狂怒等。愤怒的引起在很大程度上依赖于对障碍的意识程度。假若一个人完全不知道是什么人或什么事妨碍他达到目的,则愤怒大多不会发生;如果他发现了障碍,并认定它是不合理的、恶意的,那么愤怒就容易发生。愤怒有可能导致对障碍物或阻挠对象实施攻击行为。

(3)悲哀,又称悲伤,它是指由于自己所喜欢或热爱的对象的失去或所盼望的东西的幻灭而产生的一种情绪体验。悲哀程度取决于所失去东西价值的大小,通常深切的悲哀都是由于失去亲人或贵重东西引起的。当然,主体的意识倾向和个体特征对人的悲哀程度也有重要影响。悲哀根据其程度不同,可细分为遗憾、失望、难过、悲伤、极度悲痛。悲哀有时伴随哭泣,哭泣可以使紧张释放,心理压力缓解。悲哀是一种消极的情绪,在较强的悲哀中常发生失眠、食欲消失、抑郁、焦虑、急躁、孤僻等反应。

(4)恐惧,是一种企图摆脱危险情境的逃避情绪,引起恐惧的关键因素是个体缺乏处理可怕情境的力量或能力。个体在恐惧时常有缩回或逃避的动作并伴随着异常激动的表现,如心慌、毛发竖立、惊叫、预示危险的面部表情和姿态等。引起恐惧的刺激因素是多方面的,如人们熟悉的环境发生了意想不到的变化,奇怪、陌生、危险的事物突然出现,黑暗、巨响、凶猛动物、歹人、悬空、身体失去平衡等,都可能引起恐惧。不过,关键因素还是当事人自身缺乏处理可怕情境的能力。

恐惧往往比任何其他情绪更具有感染力。处于恐惧状态的人的表情、动作或声音,会令其他人也感到害怕。一个人在恐惧之中发出的叫喊声,会使其他人都感到毛骨悚然。原始情绪的这种感染现象正是情绪信号功能的体现。

2. 与他人有关的情绪

我们的许多情绪是由自己与他人之间的关系引起的,别人是自己环境中的对象,我们的情绪是指向他们的。与他人有关的情绪有爱、恨、尊敬、蔑视、钦佩、嫉妒等,下面介绍其中的爱和恨两种。

(1)爱,是一种喜欢被爱对象、希望亲近被爱对象的情绪。爱的产生依赖于主体所知觉到的自我与对象之间的关系,依赖于与对象共处的欲望或与对象分享快乐的想象。人与人之间的爱包含血统爱、性爱、敬爱、抚爱和友爱等多种形式。

爱虽然有着不同的形式,在经验强度和紧张程度上也有很大的差异,但仍有着共性的东西。弗罗姆(E. Fromm)认为,一切类型的爱所共同具有的要素是:①关切。爱是我们对所爱者的生命与成长的主动关切,没有这种关切就没有爱。②责任。责任乃是绝对自愿的行为,是对他人要求所做出的积极响应。③尊重。要把他人当作独一无二者,要意识到每个人皆有不可替代的个性,支配和占有绝不会成为爱。④知识。尊重人以理解人为前提;没有知识引导的关切和责任是盲目的。关切、责任、尊重和知识相互依存,要成为真正的爱这几点缺一不可。这一观点对教师和父母的育人工作有着重要的意义。

在人类所有的情绪或情感当中,最温柔而又最强烈、最单纯而又最矛盾的,莫过于爱情了。人类的爱情交织着理性与非理性的成分,而其中往往非理性的或不理智的成分尤为突出。“爱情是波涛汹涌的大海,理性只是闪烁的沙粒;欲火是洗劫世界的飓风,悟性不过是摇曳的灯光。”对于爱情,我们显然不能否认非理性的存在,更不能去扼杀情感的波动,但必须用理性来引导情感的发挥和升华。一个健康的爱情心理,不能不含有理智的成分。

(2)恨,是一种含有敌意的情绪。憎恨情绪的要害在于力求摧毁所恨的对象,恨不是一种不喜欢或厌恶。不喜欢或厌恶只是使人产生避开的倾向,我们并不打算摧毁自己不喜欢的东西,而只是要避开它(他)。但恨则主要是一种进逼性的情绪,总想摧毁自己所恨的对象而后快。

3. 与自我有关的情绪

我们的许多情绪与我们对自己行为的评价和归因有关,而且是直接指向我们本人的,如骄傲、羞耻、内疚、悔恨等。

(1)骄傲与羞耻。骄傲是一个人在知觉到他的行为是符合自己理想形象时产生的带有自豪体验的情绪。与之相对,羞耻是一个人在知觉到他的行为是有违或有损自己理想形象时而产生的一种带有不光彩、不体面体验的情绪。

骄傲与羞耻是属于主观化的情绪,这是指所谓的自我理想是由个体自己设定的。比如,一个学生在考试中得了 85 分,他为此感到羞耻,因为他认为应该的或理想的成绩是 90 分;而另一个人在同样的考试中得了 60 分,他却为此感到骄傲,因为他的理想就是及格。类似的,有的人为自己科学研究所取得的成果而骄傲,有的人却为自己一次的偷窃行为而感到骄傲。

(2)内疚。内疚是一个人觉察到自己的行为背离了道德或伦理的常规所引起的一种带有痛苦、自责体验的情绪。与骄傲和羞耻不同的是,内疚是一种客观化的情绪，因为引起内疚的原因是自己的行为偏离了社会所规定的道德准则，而社会道德是一种客观的东西。

内疚情绪一旦发生，即能成为采取补偿行为的动机力量。它会驱使人尽力弥补自己的过失，以便减弱或消除内疚感。在人的社会化和道德品质培养过程中，内疚是一种有益的情绪，它是良心的发现，是改正错误的转机。

(3)悔恨。悔恨是一个人对已经做过的事情感到后悔和痛恨，希望它没有发生的一种强烈情绪。作为一种强烈的负面情绪，在极端情况下可能会对人的生活产生强烈不良影响，出现注意力不集中、茶饭不思、失眠，甚至自伤等状况。

已经发生的事不可能因为悔恨而改变。我们要做一是努力减少已发生事件带来的危害，二是从已经做过的事情中吸取教训，三是通过转移注意，改变认知等尽快摆脱这种情绪对自己的影响。

三、健康情绪的标准

健康的情绪是指良好的情绪状态。表现为情绪上的成熟、即一个人的情绪的发展、反应水平和自我控制能力与其年龄和社会对此的要求相适应，并为社会和他人所接受。目前，对健康情绪的标准看法不一。

(一)瑞尼斯情绪健康的六标准

心理学家瑞尼斯等人提出了情绪健康的六项指标：①发展出某些技巧以应对挫折情绪；②能重新解释和接纳自己的情绪，不会一直自我防御，能避免挫折并安排替代的目标；③知觉某些情境会引起挫折，可以避开并找寻替代目标，以获得情绪满足；④能够应对并缓解生活中的不愉快；⑤能认清各种防御机制的功能，包括幻想、退化、反抗、投射、合理化、补偿，避免成为错误的习惯，以致防御过度，造成情绪困扰；⑥能寻求专家的帮助。

(二)索尔情绪健康的八标准

心理学家索尔提出了情绪健康的八标准：①独立，不依赖父母；②增强责任感及工作能力，减少被外界接纳的渴望；③去除自卑情结、个人主义及竞争心理；④适度的社会化与教化。能与人合作,并符合个人良心;⑤成熟的性态度,能组织幸福家庭;⑥一定的环境适应能力,避免敌意与攻击;⑦对现实有合理的认识;⑧具有一定的心理弹性以及适应能力。

(三)马斯洛情绪健康的标准

美国心理学家马斯洛在阐述关于"自我实现者"的情绪特点时,曾经提出了情绪健康的六个特征:①平和、稳定、愉悦和接纳自己;②清醒的理智;③适度的欲望;④对人类有深刻、诚挚的感情;⑤富于哲理、善意的幽默感;⑥丰富、深刻的自我情感体验。

(四)黄坚厚情绪健康的三标准

我国台湾学者黄坚厚认为,正常的情绪包括:由适当的原因引起,情出有因;情绪反应的强度与引起它的情境相称;情绪作用的时间随客观情况而转移,不会漫无止境地持续。

四、高职生情绪健康的标准

综合健康情绪的上述观点,结合中国高职生的情况,这里提出高职生健康情绪的几点参考标准。

(一)保持积极乐观的心态

保持积极乐观的心态包括:保持好奇心,善于关注和发现生活、学习中积极的事物,并能够充分享受愉快。主动创造能使自己感到快乐的生活和事业。快乐不是等待和被赐予,而是一种发现和创造。

(二)能接纳自己的情绪变化

喜怒哀乐人皆有之,不能也不必过分压抑。能接受自己的情绪,使情绪获得适当的表现。不苛求自己,不过于追求完美。以平常心来面对自己情绪上的波动,尤其是当负面情绪出现时。

(三)善于及时调整自己的不良心态

其中包括能够保持一个正确客观的理性认识;善于采用多种方式及时宣泄自

己的情绪;在生活中遇到挫折时,能够积极自我暗示;能使自己的情感升华。

(四)宽容别人增加愉快体验

与人保持良好的沟通,并能够理解和宽容别人,尤其在对方有过失时,不去怨恨别人,不拿别人的错误来惩罚自己。好话一句三冬暖,怨恨是一把双刃刀。怨恨既会伤人更会伤己。宽容别人首先是为了让自己释然。

(五)掌握有效的情绪调节方法

方法包括保持幽默的方法、自我认知的方法、行为调节的方法、自我积极暗示的方法、转移升华的方法和自我宣泄的方法等。

第二节　高职生情绪心理

一、高职生的情绪特点

高职生正处在青春期向青年期的过渡时期,生理发育基本成熟,心理上经历着急剧的变化,尤其反映在情绪上。相对于中学生来讲,高职生的情绪具有以下特点。

(一)情绪的外向性与内隐性

就青年整体水平而言,高职生在情绪特点上表现为乐观、活泼、开放、热情,精力旺盛、积极向上,充满朝气和激情,所以一般情况下,高职生情绪体验与外部表现是一致的。但是高职生的情绪表现不仅仅受自己主观体验的制约,还要受客观环境因素的影响。由于高职生知识经验的增加和自我意识的成熟,在一些特定情景和事件上,其情绪的外在表现和内心体验往往并不一致,即情绪具有内隐与掩饰性。例如,高职生的情绪表现虽然有时也会喜形于色,但已经不像青少年时期那样坦率直露,不少高职学生常将自己的情绪隐藏和掩饰,体现为外在表现与内在体验并不一致。这也无形中给同学之间的相互交流带来障碍,使一些学生出现孤独和苦闷的困惑。

(二)情绪的丰富性与狭隘性

进入高职后,学习、生活的环境改变了,视野扩大了,人际交往和信息交流的面拓宽了,这给高职生的情绪体验开辟了新的天地。同时,随着高职生自我意识的不断发展,产生了许多新的需要,高职生的情绪活动也变得丰富多彩,具有了强烈的自我情感(自信、自尊、自负、自卑等)及对理想、事业、工作、学习、友谊、爱情等的高级情感体验,其强度比中学生更强烈更深刻。但是,高职生的所有情感体验,特别是高级情感体验尚存在一定的浅薄性和狭隘性。例如,有些高职生对理想、事业的追求仅仅是因为兴趣浓厚,对工作、学习的热情仅仅是为了追求个人荣誉和利益等。

(三)情绪的稳定性与波动性

高职生的情绪年龄正处于未成年人与成年人的转变阶段,在情绪状态上反映为两种情绪并存:一方面,相对于中学阶段,高职生的情绪趋于稳定和成熟。他们的情绪一旦被激发,即使刺激消失,由此引起的反应可以持续相当长的时间。这种稳定性给高职生带来了心境化的情绪特点,如一次考试的成功,一次比赛的胜利所引起的愉快体验会持续一段时间,并扩散到其他事物上,引发一系列的积极反应。另一方面,与成年人相比,高职生的情绪又带有明显的起伏波动性,情绪有时会表现为大起大落、大喜大怒的两极性。例如,人际关系的变化、学业成绩的好坏等都可能引起他们的情绪波动,其情绪时而高涨,时而低落,容易从一个极端走向另一个极端。

(四)情绪的强烈性与细腻性

高职生情绪体验强烈,富于激情。他们对各种事物比较敏感,遇事容易冲动,或兴奋、激昂,或争吵、反抗,有时盲目狂热,以致做出蠢事、坏事。比如,高职校园里也会发生的一些极端事件,大多起因是对一些小事处理的不冷静不慎重,进而发展到激怒或绝望,最后导致意外事件的发生。当然这种完全失去理智的激情状态在高职生的行为中还是极少数的。随着年龄的增长,高职生心理的稳定性、选择性和亲密性也在增长,其情绪体验又表现出细腻、理智的一面,特别是在与闺蜜、异性同学或所敬重的师长交往时,即使有令人不快的情况出现,他们也会冷静对待。

二、高职生常见的不良情绪及主要表现

高职阶段的学生是一个非常关注自我、注重个性表达、情绪体验丰富、情绪起伏波动的时期。常见的不良情绪可以概括为以下三个方面。

(一)情绪反应过度

1. 愤怒

愤怒是人的基本情绪反应,从程度上分为:不满、生气、愠、怒、大怒、暴怒等。程度较强的愤怒行为表现远超出了引发愤怒形成的客观起因的强烈程度,面对自己的愤怒情绪无法自控,结果往往伤害了别人也伤害了自己。对于曾经有过被伤害经历而常有愤怒情绪的人,应主动找心理老师进行心态调整,早日摆脱愤怒的阴影,对于表达过激和方式不当者,应学会采用心理调节的方法,缓解自己的冲动情绪。

2. 过度焦虑

焦虑情绪本身并非一种情绪困扰,这里所说的是指自身的焦虑程度已经构成对学习和生活的不良影响或干扰。应该说,适度焦虑有益于个人潜能的开发,如果一个人没有焦虑或焦虑不足,就会导致注意力涣散,工作学习效率下降。所以,无论是听课还是考试,都需要保持一定的焦虑。但是过度的焦虑,往往又会使人过度紧张而产生注意力分散和工作学习效率降低。

焦虑情绪的发生原因是多方面的,可分为情境性焦虑、情感性焦虑和神经性焦虑。情境性焦虑又称反应性焦虑,指包括由于面临考试、学习压力、当众演说等外界的心理压力所造成的焦虑情绪;情感性焦虑是指担心预期发生的事对自己的过错感到自责等引起的焦虑反应;神经性焦虑则指由于情绪紊乱、恐慌、失眠、心悸等生理原因引发的焦虑。克服焦虑的方法是很多的,主要有放松训练方法、改变认知方法、角色训练方法等。

3. 应激状态

应激状态是指当事者在某种环境刺激的作用下产生的一种适应环境的反应状

态。在应激状态下,往往会伴随着多种负性情绪。例如,在应激产生的同时附加着恐惧、震惊、厌恶等;应激状态还可能同时附加着痛苦、敌意、惧怕、失望、逃避等情绪感受,所以应激状态实际上也是一种消极的不良情绪。

(二)情绪反应不足

1. 抑郁

抑郁是一种愁闷的心境,表现为没有激情、忧心忡忡、长吁短叹、话语减少、食欲不振等生理和心理反应。抑郁在高职生群体中表现较为普遍。表现为对生活、学习失去兴趣,无法体验到快乐,行为活动水平下降,回避与人交往。严重者还伴有心境恶劣、失眠,甚至有自杀倾向。特别需要指出的是,抑郁情绪与抑郁症之间既有联系又有质的区别。前者属于一种不良情绪困扰,需要的是心理上的调整;后者则属于精神疾病,需要及时到医院就诊。

2. 冷漠

冷漠同样是一种情绪反应强度不足的表现,表现为对人对事漠不关心的消极状态。处于冷漠情绪的高职生,在行为上常表现为对生活没有热情和兴趣,对学习漠然处之,无精打采;对周围的同学冷漠无情,甚至对他人的冷暖无动于衷;对集体活动漠不关心,麻木不仁。日本心理学家松原达哉教授形容此情绪状态的学生是无欲望、无关心、无气力的"三无"学生。冷漠是一种对环境和现实的自我逃避的退缩性心理反应,它本身虽然带有一定的心理防御的性质,但是它会导致当事者萎靡不振、退缩逃避和自我封闭,并严重影响一个人的身心健康。克服冷漠情绪,首先要从建立责任意识入手,逐步建立起自己的生活目标,同时开展与他人的交往,积极投入生活和学习中来。

(三)不能接受或无法控制自己的情绪状态

日常生活中,高职生的情绪困扰,有时还来自因不能接受或无法控制自己的情绪现状而产生的不适感。例如,一名高职生在平时学习时,常为自己头脑中闪现一些毫无意义的杂念而烦恼不已。本想将其克服,但越是绞尽脑汁想将其克服,杂念不仅没有减少,反而越来越严重了。这位学生的情绪困扰,来自他对自己的情绪反应不能接受。摆脱此类型的情绪困扰，一是要尝试着接受自己的情绪状态，二是要让自己学习不追求完美。

第三节　高职生情绪管理

情绪影响我们生活的方方面面，影响高职生的学业、身心健康和自身成长。高职生需要情绪管理。

一、情绪管理的概念

情绪管理是指人们主动地去调整自己的情绪，使自己能够在适当的时间和适当的场合，对适当的对象恰如其分地表达情绪，达到内心世界与外部环境的平衡，从而保持身心健康。这也是个体管理和改变自己或他人情绪的过程。

戈尔曼(Golleman)将情绪自我管理作为情绪智力理论结构中的一个维度进行了详细描述。他认为情绪的自我管理就是"调控自己的情绪，使之适时适地适度。"戈尔曼主张情绪管理主要包括评估与表达情绪、调节情绪、运用情绪。

(一)评估与表达情绪

正确评估和表达自己的情绪情是绪智慧最基本的部分，而能够觉察他人的情绪则是另一个重要的层面。情绪智慧较高的人，不但是良好的情绪传送者，同时也是体贴的信息接受者，他能了解别人的感受，觉察别人的真正需要，将情绪表达与觉察能力运用自如，从而与人建立互信的关系。

首先，我们要确定自己的真实感受。很多时候我们并不确切知道自己的真实感受，不习惯寻找情绪的根源。通常，我们可以通过回答一些问题来确定我们的情绪：到底需要什么？如果不想继续下去应该怎么做？能够从目前的情绪状况学到些什么？这种方法可以很快降低情绪的强度，从而使我们能客观理智地看问题和处理事情。

其次，总结自己曾经有过的各种情绪，可以更清楚地了解自己独特的内在反应模式及情绪反应原因。你可以这样做：找一个独处的时间和安全的空间，大声把自己的感觉不加责备、不逃避地说给自己听。

最后,记录整理我们的情绪以增加对情绪的认识和觉察。我们可以撰写个人心情日记或记录自己每天的情绪状态,了解自己的情绪、想法。这些方法可以让我们定时觉察自己的情绪。如果能记录清楚产生的原因,则不仅能增强情绪的觉察能力,也能洞悉情绪与事件、想法之间的联系。

(二)调节情绪

情绪智慧的另一要素是情绪调节能力,该能力是指个体能采取一些策略来处理激起的情绪,应对内外的情绪压力,以维持身心平衡。一个有智慧的人不仅能够处理自己的情绪,而且也会处理别人的情绪反应对自己的影响,面对别人的情绪时,能适当应对并给予安慰,进而影响别人的情绪。

(三)运用情绪

情绪本身无好坏之分,也无价值高低之别,不过由于个体的情绪作用,会产生不同的效果与影响。因此,情绪智慧还具有的一个要素就是强调培养正向的情绪,使自己更加乐观、充满希望,并能化负向情绪为建设力,为自己开创美好人生。至于情绪的运用,可从弹性计划、创造思考、转移注意力、激发动机来着手。

二、提升情绪智力

古希腊哲学家亚里士多德有一个保持人际关系顺畅的秘诀,他说,你如果要发怒,则必须"选择正确的对象,把握正确的程度,确定正确的时间,为了正确的目的,并通过正确的方式。"这种自我控制的能力被心理学家称为情绪智力,也就是情商。自从美国心理学家丹尼·戈尔曼出版了《情绪智力》一书后,情绪智力得到了普遍的关注。具体说来,情绪智力包含以下五种能力。

(一)认识自己情绪的能力

情绪能力高的人能够知道自己的感受,比如,他们很快就能意识到自己在生气、嫉妒或内疚、抑郁等。这是很有价值的,因为很多有着糟糕情绪的人无法理解为什么他们会这么不舒服。那些有着高自我意识的人能够对自己的感受很敏感。

（二）调控自己情绪的能力

指的是调整自己的情绪，可以通过多种途径有效摆脱焦虑、沮丧、愤怒、烦恼等情绪困扰，不使自己陷入情绪低潮中。比如，当你生气时你知道如何冷静下来，并指导如何让他人冷静下来。情绪智力高的人能够根据环境控制自己的情绪。

（三）认知他人情绪的能力

这种能力能够对他人的情绪感受真切的体验，善解人意，感同身受。能够敏锐地感受到他人的需要和情绪，能够体会到他人的情感，并且能够保持理性，客观地理解、分析他人的情感。他们善于“读懂”面部表情，声音语调和其他情绪特征。

（四）使用情绪的能力

情绪智力还包括运用情绪促进个人成长和与他人的关系，比如，你会知道帮助别人能给你带来快乐。同样的，当好运来临，情绪智力高的人懂得与他人分享。总体说来，这么做能增强人际关系并增进情绪健康。

（五）自我激励能力

这是一种能将精力专注于某项目标上，为达成目标而调动、指挥情绪的能力。任何方面的成功都必须有情绪的自我控制一延迟满足、控制冲动、统揽全局。拥有这种能力的人能够集中注意力、自我把握、发挥创造力、积极热情地投入工作。

三、情绪管理能力的培养

（一）学习情绪管理理论

1. 理性情绪理论

理性情绪理论是心理学家亚伯·艾利斯发展出来的心理理论。这一理论认为，人的认知分为理性认知和非理性认知两种。理性认知是指人们对客观世界的正确认识，非理性认知是指人们对客观世界持有的不正确的想法与信念。认知是人在事物与情绪行为反应中间的重要变量，人的理性或非理性认知影响着情绪和行为。情绪并不完全是我们对环境状况的反应，同时还深受我们对环境的看法、解释、态度及信念的影响。

理性情绪理论强调用“认知”来管理情绪,用理论来改变我们对事实的解释并且了解我们受挫的原因,以此来增加情绪管理能力。理性情绪理论认为,情绪宣泄可能会使我们一时的感觉好一些,但从长期来看,情绪宣泄并不能使我们下次面临同样的情形时情绪有所改善,反而还可能产生负性情绪。所以,要从根本上管理好自己的情绪,我们就需要反思自己的想法,与不合理的信念进行辩论,进而调整自己的不合理的信念,并使之变成合理的。辩论的步骤为:①接受已产生的情绪;②接受拥有这些情绪的自己;③确定需要改变的认知并进行辩论;④改变自己的认知并转化为合理的想法。我们的想法经过理性情绪理论分析和处理后,负面情绪的强度会大大降低。

例如,张同学的室友用粗鲁的态度对待他,他觉得室友不尊重自己,这让他很不高兴,他生气了,发了很大的脾气。张同学用理性情绪理论来分析:我不喜欢自己发脾气,如果可以的话,我宁愿自己不生气,但我又是一个免不了有情绪的人(接受已产生的情绪);虽然我生气了,发脾气了,但并不表示我是一个糟糕的人,只能说明我是一个平凡的人,只要我不十分介意自己发脾气,这对我不会有太大的影响(接受拥有这些情绪的自己);室友的态度确实不好,但他对其他室友也是这样,我希望室友改变态度他也不一定会改变,用什么样的态度是室友自己的选择,他不一定会考虑我的感受,或者他也不一定会意识到他的态度伤害了我,如果我坚持室友一定要尊重我也不一定能使室友改变,这样的坚持对我也不一定有帮助(确定需要改变的认知并进行辩论);室友不一定就是不尊重我,室友不会因为我生气就尊重我,我继续生气对自己一点好处都没有(改变自己的认知并转换为合理的想法)。理性情绪理论正是通过这样的步骤,逐步改变自己对情绪的认识,以达到对消极情绪的控制。

2. 归因理论

归因是指人们对他人或自己行为的原因进行解释和推测的认知活动。本质上,它是一种社会判断过程,指的是根据所获取的各种信息对他人或自己的外在行为表现进行分析,从而推论其原因的过程。生活中同学之间对同一事情的看法往往不一致,这是因为对同一问题做了不同的归因。归因会对情绪产生很大的影响。日常生活中的同一事件会引起两类行为反应,对结果的归因不同,引起的情绪反应会不同。例如,两个女生与各自的男友约会,可是两个男孩都失约了。其中一位女生进行了外部归因,认为男友失约是因为临时补课或有活动,于是她虽然有些遗憾但情绪并没有受到太大的影响;另一位女生对此进行了内部归因,认为男友失约是因为不爱自己了,于是情绪很差。两位女生不同角度的归因,内心感受和因此产生的情绪完全不同。

现实中,我们按照归因获得的信息来调整我们的情绪和行为。人们总有一种要弄明白自己为什么失败或成功的倾向,这种归因未必都是对的。但个人的归因却总是通过自信心、自尊心、其情绪态度的变化影响我们今后的行为。归因对每个人来说都很重要,没有归因,我们就很难管理好自己的情绪,无法建立良好的关系。所以,当我们受到情绪困扰时,我们就应该反省自己的归因方式。通过改变归因方式来改善情绪,管理好情绪。

3. 视网膜效用

这个效应是指我们眼里所看到的事物与心里所想的东西往往密切相关。中国《列子》中有一故事,说有一个人遗失了一把斧头,他怀疑是邻居孩子偷的,便暗中观察他的行动,怎么看都觉得他的一举一动像是偷他斧头的人,绝对错不了。当后来他在自己的家中找到了遗失的斧头,他再碰到邻居的孩子时,便怎么看也不像是会偷他斧头的人了。一个爱嫉妒的同学,他的眼里往往只能看到竞争和冲突;一个自卑的同学,他的眼里更多的只能看到别人的优点和自己的缺点;如果我们觉得某个同学与我们不合作,那么他做的很多事情里都能找到不合作的影子,因为这个时候我们关注的就是不合作,事情一发生,我们就会无意识的去找他不合作的证据。

世界上从来都没有完美的人,也没有完美的事。关键是把自己的注意力放在何处。我们的眼睛就像相机的镜头一样,如果你把镜头对着鲜花,你就看到了无数的鲜花。世界不是缺少美,而是缺少发现美的眼睛。情绪就是如此,看问题的积极方面,可以产生积极情绪;看问题的消极方面,催生的就是消极情绪。所以我们要学会控制自己的注意力,调控自己的情绪。你的心境是在天堂还是在地狱,有的时候完全取决于你自己:学会看积极方面,可以产生好的情绪和积极的心态。

(二)情绪管理训练

情绪是可以通过训练得到调控和改善的,情绪管理训练借助于已经成熟的理论与方法,效果明显。

1. 理性情绪疗法

心理学家艾利斯提出的理性情绪疗法被公认为好的情绪管理方法。理性情绪疗法的基本假设是我们的情绪根源于我们的信念、评价与解释。人同时具有理性与非理性的信念。人们的困扰是来自本身的非理性思考,而不是外在世界的某些事件。他认为人们强烈的不适当的情绪主要是由非理性的思考导致的,而这些不合理与不合逻辑的非理性思考来源于早期的学习或者受到父母与环境的影响。但人具有改变认知、情绪及行为的潜能,不必受制于早年经验,可以让自己学习理性思考,降低不良情绪的发生频率,增加积极的正性情绪的发生频率。

ABC 人格理论是艾利斯理性情绪疗法的精华,不仅说明人类情绪与行为困扰的原因,也提供了解除情绪及行为困扰的应对方法。A(activating events):代表引发事件;B(beliefs):代表个人持有的信念;C(consequences):代表最后的结果。即事件本身 A 并不是情绪反应或行为后果 C 的原因,人们对事件的非理性信念 B(想法、解释、看法)才是真正的原因。

艾利斯常用这句名言来阐述自己的观点:人不是被事情本身所困扰,而是被其对事情的看法所困扰。例如,一位高职男生失恋(A)后,变得消沉抑郁(C)。虽然失恋本身给他带来痛苦,但这种负性情绪的根源可能是他的完全自我否定的态度(B)。在他看来,女友离开自己和别人好,表明自己不如别人,注定自己在这方面永远是个失败者,因此才会变得消沉抑郁。同样的事情发生在别人身上,也许他们不会有这种过分强烈的负性情绪反应,因为他们可能有不同的看法,如:"没有证据表明我注定要失败,如果是失败,那也只是这一次,它不能表明我以后会怎样"。这是理性的信念,它们会保护个体避免陷入不良情绪的困扰中。

可见,同一事件,不同的信念可能导致不同的结果。如果 B 是合理的、现实的,由此产生的 C 也就会是适应的；否则会产生情绪困扰和不适行为。即非理性的信念是导致情绪困扰的根本原因。因此个体通过改变信念 B 来调控情绪。这也正是理性情绪疗法的核心，即对非理性信念加以驳斥和辩论，使之转变为理性的信念，最终改变不良情绪。

理性情绪疗法强调情绪困扰来源于个体的非理性信念，治疗的重点也在于改变这些信念。那么这些信念都有些什么内容呢？艾利斯通过临床观察，总结出日常生活中常见的带来情绪困扰的 11 类不合理信念，并对其进行了分析。这 11 类非理性信念分别为：①一个人应该被周围的人喜欢和称赞，尤其是生活中重要的他人；②一个人必须能力十足，各方面都有成就，这样才有价值；③那些邪恶可憎的人及坏人，都应该受到责骂与惩罚；④当事情不如意的时候，是很可怕也很悲惨的；⑤不幸福、不快乐是由于外在因素所造成的，个人无法控制；⑥我们必须非常关心危险可怕的事情，而且必须时时刻刻忧郁，并注意它可能再次发生；⑦面对困难和责任很不容易，倒不如逃避更省事；⑧一个人应该依靠别人，且需要找一个比自己强的人来依靠；⑨过去的经验决定了现在，而且现在是永远无法改变；⑩我们应该关心每个人的问题，也要为他人的问题感到悲伤难过；⑪人生中的每个问题，都有一个正确而完美的答案，一旦得不到答案，就会很痛苦。

2. 培养积极情绪

一般认为，消极情绪通过缩小个体即时的认知和行为系统，在危机状况下帮助个体迅速组织应激资源，以免自身受到侵害；而积极情绪却能扩展个体即时的认知和行为系统，促使个体突破极限开放经验，进而构建起持久的心理资源，个体会处于螺旋上升的状态。

所谓积极情绪有五种典型表现：喜悦、感激、宁静、兴趣和希望。从多种情绪体验的组织来看，可以在三个层次上理解：第一个层次是快乐地生活，关注既往、当下和将来的积极情绪；第二个层次是投入的生活，发挥个体积极的特性，包括性格力量和才能；第三个层次是有意义的生活，从属并服务于一些积极的制度。

积极心理学认为，积极情绪可以借助某些行为或活动来主动诱发。下面介绍两种培养积极情绪的方法。

(1)睡眠、运动加营养。

睡眠可以消除疲劳、恢复体力,修复大脑和身体组织。对身心健康具有重要作用,保证睡眠时间,提高睡眠质量是积极情绪产生的前提。

运动有益于情绪健康,通过运动可以促进全身血液循环,提高心肺功能,增强免疫力。更为有趣的是,运动还能促进人体分泌“脑内吗啡”。这类物质充满魔力,具有振奋人心的作用。除此之外,在情绪很强烈又没有适当发泄对象时,可以通过运动的方式缓解情绪压力,把负性能量宣泄出来。

营养与饮食对身体发展和健康依然起到非常重要的作用。高职校园里时下流行的“瘦为美”使得很多女高职生流行节食减肥。朱迪丝·罗丁说:“对于太多的女性来说,饮食上的一点点偏差可以带来自信或招来绝望。”如果不停处于节食和体重反弹的循环中,更容易引起慢性疾病的发生,而且由于营养摄入不足,加上运动不科学,很容易出现缺乏活力、自信、容易焦虑、抑郁和低自尊等。

(2)学会放松。

美国伊利诺伊州一位议员康农刚上任时就受到了另一位代表的嘲笑:“这位从伊利诺伊州来的先生的口袋里恐怕还装着燕麦呢!”这句讽刺他有着农夫气息的话令下面的听众心里一紧,但却丝毫没有影响康农的情绪,康农从容不迫地答道:“我不仅口袋里装着燕麦,而且头发里还藏着草屑。我是西部人,难免有些乡村气,可是我们的燕麦和草屑却能生长出最好的苗来。”康农很好地控制了自己的情绪,并且就对方的话顺水推舟,做出了绝妙的回答,因此闻名全国,被称为“伊利诺伊州最好的草屑议员”。他之所以成功的应对,关键在于他很好认同自己的出身,并因此保持了内心的平衡与宁静。身心处于平和宁静状态下,才有可能体验到多种积极情绪,泰然自若处理各种棘手问题。我们通过主动放松身心,可以接近这种状态。身心放松的方法有深呼吸、肌肉放松、冥想等。这些方法可以单独使用也可以配合使用。每天午休或晚上睡觉前,进行10~15分钟放松,长期坚持,不仅有助于恢复我们的机体,而且还可以提高我们对积极情绪的感受性。下面主要介绍冥想放松。

冥想是一种在短时间内有效达到深度放松的方式,冥想的状态不仅能引起完全的放松,而且也会降低身体和心理的疲劳。冥想能集中我们的注意力,提高我们的思维能力。冥想让我们从现实的混杂中解脱出来,重新开始理解现在,恢复我们内部聆听的能力,让我们做出最佳选择。我们的心理就像一个桌面,上面堆积了非常多的信息,使得我们不能有效行使职责,我们的心理有时会变得混乱,有担忧、悔恨、负面的自我形象、记忆、反应和恐惧,这些都让我们自我埋藏的越来越深。冥想是一种把混乱剔除出去的方法,让我们能集中在有益的想法上并发现自己正面的印象。通过冥想,我们能放松心理,清理桌面,体验到一种自我更新的感觉。

第一步,现在请你关注你的呼吸。只关注它,不要强迫,也不要憋气,你可以做的也许就是给身体更多放松的信息。再花一点时间在体内四处检查一下,看看是否某个地方紧绷着。如果找到这样的地方,请向他们微笑,因为他们是在告诉你,它们需要你。将它们放松,并让那份张力随着下一次呼出的气息消失。

第二步,现在更深的进入内在。给自己一个欣赏的信息,你是生命力的体现,独一无二的——在这个世界上没有一个人与你完全相同。每个人与你都是既有许多相同之处,又有许多的差别,包括你的家庭成员在内——无论是你从小长大的那个家庭,还是你现在生活在其中的这个家庭。在这个世界上的任何地方都找不到和你一样的热。

因此,在这一刻,当你给自己一个欣赏的信息时,请注意到自己是独一无二的。不能拿你和其他任何人相比较,除非你活在幻觉中。你也不可能与他人形成真正意义上的竞争,除非你误解了生活。你是独一无二的。作为一个独一无二的人,你理应受到尊重,在一切场合肯定和珍惜自己,因为你是生命的体现。

也许此刻,我们可以开始有所区别,将体现生命力的你——本质上完美而纯净——与你遇见的总是纯净的行为区分开来。你的力量来自认识到自己精神上的纯洁,这将有助于你与自己的其他那个部分相互合作,而这些部分也许想要改变或增加些什么。这就是我们力量的来源,它源于我们与自己本质的联结,这样的联结从根本而言是精神上的。

第七章　高职生的人格发展与心理健康

高职时代是个体人格形成和发展的重要时期,培养高职生健康的人格是高等教育的一项重要任务。人格发展良好的高职生,更可能在所处的社会文化环境中保持良好的认识水平、平稳的情绪情感、恰当的行为方式和正常的社交与职业功能。每名高职生都应了解个体人格的构成、特点和形成机制,避免各种不良的人格发展结果,努力将自己塑造成人格完善、全面发展的个体。

第一节　人格概述

一、人格的含义

"人格"一词译自"personality",由拉丁文 persona 引申而来。Persona 是指古希腊演员所戴的面具,观众通过演员的面具判断他所扮演的是什么角色。到了罗马时代,其意义发生变化,指演戏者本人和他所扮演的角色。

随着社会的发展,人格的含义几经被引用,并且在我国伦理学、社会学、法学、心理学等不同领域广泛应用,如伦理学家康德认为"人格把我们本性的崇高性清楚地展示在我们的面前",将人的崇高价值作为人格的核心,社会学家从社会的角度研究人格,认为人格是"人类团体的最终的颗粒"。

在心理学界,目前对人格的科学定义尚未达到统一认识。美国著名心理学家、人格心理学的创始人阿尔波特(G. W. Allpon)将人格定义归纳为六大类,分别为集合式、整合式、层次性、适应性、个别性和代表性定义,并在此基础上提出了一个综合性的定义,即"人格是一个人的内在心理生理系统的动态组织,它决定了此人对其环境的独特适应"。这个定义包含了综合性、层次性、适应性、个别性定义的特点，反映了近代心理学对"人格"一词的描述特点。

我国心理学者黄希庭将人格视为一个复杂的开放系统，认为"人格是个体在行为上的内部倾向，它表现为个体适应环境时在能力、情绪、需要、动机、兴趣、态度、价值观、气质、性格和体制等方面的整合，是具有动力一致性和连续性的自我，是个体在社会化过程中形成的给人以特色的身心组织"，是当前国内比较有代表性的关于人格的界定。

二、人格的特征

人格的界定反映出人格的多重性，其特点主要表现为整体性、独特性、稳定性和社会性四个方面。

（一）整体性

人格的整体性是指构成人格的各种心理成分不是相互独立的，而是相互联系，构成一个完整的功能系统。人格对人的心理活动和行为的调节，是由人格系统的整体起作用的。人格的整体性首先表现在各种心理成分的一致性。一个正常的人总是能及时地调整人格中的各种矛盾，使人的心理和行为保持一致。如果没有这种一致性，人们就会长期处于对立的动机、价值观、信念的斗争中，人的心理活动就会出现无序的状态。这就是人格分裂。人格的整体性还表现在，构成个体人格的各种成分中，有的是主要的，起主导作用；有的是次要的，起辅助作用。起主导作用的成分决定个体人格的基本特征。

个体的人格特征与行为表现并不是一一对应的。同一种人格特征在不同的人身上的表现会各不相同；同一种行为往往是不同人格特征的表现。要认识一个人的人格特征，必须从人格的整体性上进行把握。

（二）稳定性

人格的稳定性主要表现为在不同时间、不同情境下人格具在有高度一致性。

在个体不同的发展阶段中，人格表现具有较强的持续性，我们可以从个体在儿童时期的人格特征推断他成年时的人格特征，也可以从成年的人格特征推测其童年时的人格特征。例如,一个性格内向的学生,在老师和同学面前沉默寡言,他在中学时如此,在高职时如此,到工作之后面对领导和同事时仍然会如此。今天的我是昨天的我的延续,今天的我会延续至明天的我。个体的人格特征很难在一夕之间发生突变,而是具有较强的跨时间的稳定性。

同样,在不同情境中,人格特征也表现出较强的稳定性。例如,一个外向的学生不仅在学校里喜欢交朋友,在参加校外实践活动时也喜欢与人交往,喜欢热闹,在与家人或教师进行交往时也表现出善谈的一面。当然,这并不排除他偶尔会表现出安静的行为。

需要指出的是,人格的稳定性并不排斥其发展和变化。一方面,随着年龄增长,人格特征的表现方式会有所不同,另一方面,某些环境和机体因素可能会对个体的人格产生决定性影响。例如,一个平时很乐观的人,可能因一次重大的打击而变得郁郁寡欢。应当指出,人格的变化不同于行为的变化。行为变化是由情境引起的、暂时的变化,而人格的变化则是内在的特质的变化,具有永久性。例如,一个很温和的人,也会偶尔因急躁而发脾气。这是行为的暂时变化。但如果他从原来的环境中来到一个充满压力的环境中生活,他就会变成一个急躁的人,会经常发脾气。这就是人格变化。

（三）独特性

人格的独特性是指,每个人都有与他人不同的人格特征。这充分地表现为人们在需要、动机、兴趣、爱好、价值观、信念、能力、气质、性格等方面的差异性。

每个人的人格都是在遗传和环境交互作用的过程中形成的。不同的遗传基因、生活环境,形成了各自独特的人格特点,即我们平时所说的“人心不同,各如其面”。例如,有的人豪爽直率,有的人沉默寡言,有的人谨小慎微等。个体成长环境的不同会使得某一人格特点在不同个体身上具有不同体现。例如,敏感性这一人格特质,对于一个民主型家庭的孩子来说,是其健康人格的重要组成部分,意味着对事物和他人的敏锐觉察,而对于一个缺乏父母关爱的孩子来说,则带有多疑、不信任、抗拒的意味。

个体的独特性是核心人格研究的内容。每个个体的独特性就是其心理差异的体现。例如,林黛玉的多愁善感、王熙凤的八面玲珑、张飞的冲动暴躁等,就是不同人物典型人格特征的体现。正如阿尔波特所指出的“人的鲜明特征是他独有的。过去不曾有、将来也不会有一个人和他一模一样”。

(四)社会性

人格是在一定的社会环境中形成,因此个体的人格必然会反映出他所处的社会历史文化背景的影响。在一定的社会中,同一民族、同一阶级的人们在某些共同的生活条件下生活,逐渐掌握了这个社会的风俗习惯和道德观念,就会形成某些共同的人格特点,例如,德国人的严谨规范、法国人的随性浪漫,中国人的平和含蓄等。

人格的社会性并非是说人格会脱离个体的生物特性而形成。个体心理包括人格在内都是在人的自然的生物特性的基础发展起来的,人的生物特性影响着人格发展的道路和方式,也决定人格特点形成的难易。例如,一个神经活动类型属于强而不平衡型的人,就比较容易形成勇敢、刚毅的人格特点;而要形成细致、体贴的人格特点就比较困难。相反,一个神经活动类型属于弱型的人,就比较形成细致、体贴的人格特点;而要形成勇敢、刚毅的人格特点就比较困难。

三、与人格有关的重要概念

人格是一个多侧面、多层次、复杂的统一体。一般认为,人格是受一定个性倾向性制约的心理特征的总和。个性心理特征是人格中最稳定的成分,对个体的心理活动起重要的调节作用。其中,气质和性格制约着人格的形成发展,在人格的优化中发挥着强大的导向、评价和自控作用。本章中主要讨论气质和性格问题。

(一)气质

在日常生活中,人们一提到气质就和风度、气度联系到一起,在评价某某人的言谈举止时,都会自然地用气质二字,如某歌星、影星、球星、节目主持人气质不一般等。其实,这里所评价的气质,准确地说,应该是气度。从心理学上谈气质,更多的是指人的脾气、秉性。

1. 气质的含义

气质是指人生来就具有的、典型的、表现在心理活动的强度、速度、稳定性和指向性等方面的稳定的心理特征。这里讲的心理过程的强度、速度是指情绪的强弱，意志努力的程度；心理过程速度和稳定性，是指知觉的速度、思维灵活的程度，注意集中的时间长短；心理过程的指向性，指有的人倾向于外部事物，从外界获得新印象，有的人倾向于内部，经常体验自己的情绪，分析自己的思想和印象。每个人生来都有一种气质，而且在内容完全不同的活动中，具有某种气质的人，会显示出同样的性质的动力特点。例如，一个具有沉稳、文静、善于思考气质特征的学生，在参加新年联欢会、有奖知识竞赛、体育运动会等活动中，他所表现的气质特点不会依活动内容而改变。

人的气质具有一定的先天性，无好坏之分。有的新生婴儿具有安静、平稳、胆小的特点，有的新生婴儿具有好动、喜吵闹、胆大的特点。俗话说："江山易改，秉性难移。"一个人的气质特征有着极大的稳定性，但是，在环境和教育的影响下，气质也会发生某些变化。因此说，气质既有稳定的一面，又有可塑造性的一面，是稳定性和可塑造性的统一。

2. 气质的类型和特征

人的气质可以划分为几种类型。中国古代医学家根据人体阴阳之气的比例，将人分为太阴型、少阳型、太阳型、少阴型，还根据五行学说将人分为"金形、木形、水形、火形、土形"，不同类型的人，具有不同的体质形态和脾气。

在公元前5世纪，古希腊医生希波克拉底（有的译为希波克拉特）和罗马医生盖伦就曾提出气质学说。他们认为人体内有四种体液：血液、黏液、黄胆汁、黑胆汁。血液生于心脏（相当于火根）、黏液生于脑髓（相当于水根）、黄胆生于肝脏（相当于空气根）、黑胆汁生于胃部（相当于土根），根据这种体液各自在体内的比例优势，可把人的气质划分为四种类型，即多血质、黏液质、胆汁质、抑郁质。希波克拉底的这一分类，后来被俄国生理学家和心理学家巴甫洛夫所证实。根据巴甫洛夫的高级神经活动的类型学说，气质是人的高级神经活动类型决定的。巴甫洛夫认为，人的高级神经活动类型是人的气质的生理基础，气质是高级神经活动类型的外在表现,四种神经活动类型分别与胆汁质、多血质、黏液质和抑郁质相对应。为了说明气质类型及其表现和神经系统的类型及其特征的关系(见表 7-1)。

表 7-1　气质类型及其表现和高级神经活动类型及其特征对照表

神经系统的特性及类型					气质
强度	平衡性	灵活性	特性组合的类型	气质类型	主要心理特征
强	不平衡（兴奋占优势）		不可退制型（兴奋型）	胆汁型	精力充沛,情绪发生快而强、言语动作急速而难于自制、内心外露、率直、热情、易怒、急躁、果断
强	平衡	灵活	活泼型	多血质	活泼爱动、富于生气、情绪发生快而多变、表情丰富、思维言语动作敏捷、乐观、亲切、浮躁、轻率
强	平衡	不灵活	安静型	黏液质	沉着冷静、情绪发生慢而弱、思维言语动作迟缓,内心少外露、坚毅、执拗、淡漠
弱	不平衡（抑制占优势）		弱型（抑制型）	抑郁质	柔弱易倦、情绪发生慢而强、易感而富于自我体验、言语动作细小无力、胆小、忸怩、孤僻

(资料来源:苏东水. 管理心理学[M]. 上海:复旦高职出版社,2002)

气质的类型没有绝对的好坏之分,也不能单纯地决定一个人活动的社会价值和成就的高低。据有关部门资料介绍:俄国的四位著名作家就是四种气质的代表,普希金有明显的胆汁质特征、赫尔岑具有多血质的特征,克雷洛有明显的黏液质特征,而果戈理具有抑郁质的特征,四个人的气质类型各不相同,并不影响他们同样地在文学上取得杰出的成就。同样的,勇敢、果断、勤于研究、敢于创造的人,都可以从不同气质类型的学生中培养出来。

(二)性格

1. 性格的含义

性格一词来源于希腊文,原为雕刻的意思,后来转义为印刻、标记、特性。在心理学中,性格一般指一个人对现实的态度和习惯化了的行为方式中表现出来的较稳定的具有核心定义的个性心理特征。从这一定义中,我们可以看出:第一,性格是人的个性中最重要、最显著的心理特征,它在个性中具有核心的意义。核心意义一方面表现为性格具有直接的社会意义,不同性格特点的社会价值是不同的。另一方面表现为性格对能力、气质的影响,性格规定了气质,能力的发展方向,影响到能力、气质的表现。第二,性格是指一个人独特的、稳定的个性特征。在某种特定的情境之下,人们偶然一时的表现,不能称其为性格特点,只有当一个人的态度以及与之相适应的行为方式是比较稳固、经常、并从本质上表现出一个人的个性时,这种态度和行为方式才具有性格意义。

2. 性格特征

性格是一个十分复杂的心理构成物。它有着多个侧面,包含着多种多样的性格特征。主要的特征有如下四个方面。

(1)性格的态度特征。

态度是人在社会生活中所形成的对某种对象的相对稳定的心理反应倾向。由态度构成的性格特征主要有以下三种:一是对社会、集体和他人的态度所构成的性格特征。如热爱祖国、关心集体、友爱他人、同情他人、正直无私、待人有礼、诚信可靠等,与此相反的有,假公济私、自私自利、狡猾虚伪、冷漠无情、孤僻漠然、狡猾虚伪等;二是对劳动、工作、学习的态度所构成的性格特征。主要有,认真、细致、钻研、勤奋、勤劳、节俭、富有创造精神和创新意识等,与此相反的有,粗心、守旧、懒惰、马虎、浪费等;三是对自己的态度所构成的性格特征。严于律己、遵纪守法、谦虚谨慎、自强不息、开拓进取,与此相反的有,自负、羞怯、骄傲、自暴自弃、放任自流等。

(2)性格的理智特征。

性格的理智特征,是指人们表现在感知、记忆、想象和思维等认知方面的个体差异。性格的理智特征表现在:一是感知方面的性格特征。有主动观察型和被动观察型,快速型和精确型。二是记忆方面的性格特征。有主动记忆型和被动记忆型,直观形象记忆型和逻辑思维记忆型。三是想象方面的性格特征。有主动想象型和被动想象型,敢于想象型和想象受阻型,狭窄想象型和广阔想象型。四是思维方面的性格特征。有独立型和依赖型,分析型和综合型。

(3)性格的情绪特征。

性格的情绪特征,是指情绪对人的活动的影响,或人对情绪的控制具有某种稳定的、经常表现特点时,这些特点构成情绪特征。情绪特征按其活动的情况可分为以下四个方面:一是情绪强度特征,表现为个人受情绪影响程度和情绪受意志控制的程度。例如,有的人情绪体验比较微弱,容易用意志控制;有的人情绪体验比较强烈,难以用意志控制。二是情绪稳定性特征。表现为情绪起伏波动的程度。例如,有的人无论在成功或失败时,情绪都比较平静,没有大起大落。三是情绪持久性特征。情绪持久性特征,表现为个人受情绪影响时间久暂的程度。例如,有的人遇到高兴的事,愉快的情绪会持续很久。四是主导心境特征。主导心境特征表现为不同的主导心境在一个人身上的程度。例如,有的人经常高兴,有的人经常忧伤。

(4)性格的意志特征。

意志是为了达到一定的目的,自觉地组织自己的行为,并与克服困难相联系的心理过程。按照调节行为的依据、水平和客观表现,性格的意志特征可分为以下四个方面。一是对行为目的明确程度的意志特征。如独立性、目的性、组织性、纪律性、自觉性,与此相反的有,盲目性、散漫性、暗示性。二是对行为的自觉控制水平的意志特征。如主动性、自制力,与此相反的有,被动性、依赖性等。三是在长期工作中表现出来的意志特征。如恒心、坚定性、坚韧性,与此相反的,如动摇性、见异思迁、虎头蛇尾等。四是在紧急或困难情况下表现出来的意志特征,如果断性、坚强性、沉着镇定、机智勇敢,与此相反的,如软弱、惊慌失措、优柔寡断。

性格上述各个方面的特征并不是孤立的,而是相互联系的,在个体身上结合为独特的统一体,从而形成一个人不同于他人的性格,这正是性格一词本来的含义。

(三)气质和性格的关系

气质和性格都是人的个性心理特征,是在统一的人的生活实践中形成的,也是由统一的脑的活动实现的。它们的关系十分密切。一般认为,性格和气质既有区别又有联系。

它们的区别主要体现在:①气质是个人心理活动的稳定的动力特征,性格是一个人表现在态度和行为方面的较稳定的心理特征,是具有核心意义的个性心理特征。②气质和性格相比较,气质受先天因素影响较大,并且变化比较难、比较慢;性格主要是后天形成的,具有社会性,变化比较容易、快些。③气质是行为的动力特征,与行为的内容无关,因此气质无好坏善恶之分,性格涉及行为的内容,表现个体与社会的关系,因而有好坏善恶之分。

性格和气质彼此相互渗透,彼此又相互制约。具体表现在如下几方面:①气质能够影响性格的表现方式。气质可使性格特征涂上一种独特的色彩。例如,具有善于交际性格特征的人,黏液质的人表现为态度持重适度、不卑不亢,而胆汁质的人表现为热情直爽、喜言于色。②气质可以影响性格形成和发展的速度和动态。例如,胆汁质的人比黏液质的人更容易做出轻率的决定。③性格可以改造气质。例如,财务会计人员在工作中形成了认真、节俭的性格特征,在职业训练过程中可能掩盖或改造了浮躁、轻率多血质的特征。④具有不同气质类型的人可以形成同样的性格特征;具有同一气质的人可以形成不同的性格特征。

四、人格的形成与发展

(一)人格形成与发展的三个阶段

人格的形成和发展一般都要经历几个阶段。西方一些心理学家对阶段的划分各抒己见,意见很不统一。我国现代心理学家基本上把人格形成和发展划分为三个阶段,即萌芽期、重建期和成熟期,每个时期都有不同的特点。

第一阶段为萌芽期。这个阶段是从人一出生到进入青春期之前。这时期的特点是:生理上动作逐步协调,自控能力得到提高,心理上形成了初步的性格及情绪反应方式。在观念上因灌输等而产生了朦胧、机械的道德观、价值观等,缺乏个体的主动性。

第二阶段为重建期。重建期是指从青春期开始到老年期结束。这个时期的特点是:生理发生显著变化,身体的急剧发育和性成熟,青年在关心自己的身体和探索自己的内心世界的同时,也开始关心他人对自己的评价,在心理方面、气质、性格、情感、态度等都开始向稳定、独立意识等方面转变,确立了自己的世界观与人生观。人格在此阶段得到调整、修正和完善。

第三阶段为成熟期。这个阶段是从成年期到老年期,自我意识比较成熟,在社会中的位置和适应性得到强化,人格特质逐步稳定,心理上若遇到强烈刺激也会趋于平稳,观念上会把青年后期积淀下来的东西消化。开始专注于各自的事业,发挥才干,为社会谋利并进一步实现人生价值。

(二)影响人格形成与发展的因素

现代心理学家认为,人格的形成和发展并非单一因素所致,而是受到遗传、家庭、学校、社会等多种因素的综合影响,且各影响因素之间存在着交互作用,某种因素对人格发展的影响会因其他因素的不同而有所不同。

1. 遗传与生物因素

(1)遗传因素。

无论是家族史研究,双生子研究还是收养研究,均证实个体人格与遗传因素密切相关。

(2)生物因素。

生理基础对人格的形成,密切相关。有的研究资料表明人的大脑是人格的主要物质基础。如果脑的局部病变或受伤则会导致人格和行为的改变。同时人格的异常也会影响大脑的正常发育和活动。

除了大脑外,神经传导物质和激素也与人格密切相关。神经传导物质和激素含量的改变,会引起个体情绪、行为的变化,从而影响其人格。有研究发现,多巴胺与人的趋向机制相联系。多巴胺会使人们趋向奖励信息,对新环境进行探索,和人的外倾、冲动性以及感觉寻求密切相关。

去甲肾上腺素可以调节唤起机制,并发现信号唤醒大脑皮层来处理所面临的危险,在情境非常紧急时,它基本会引起外周心血管的变化。男性体内的血浆睾酮的含量与攻击和暴力行为密切联系。比较研究发现,斗争、性经历会增加睾丸素的含量,压力情境会降低其含量,并增加焦虑感,运动员如果服用同化雄性类固醇,将会增加他们的肌肉力量,但也常常使他们产生攻击和暴力倾向,表现出外倾,感觉寻求等人格特征。

2. 环境因素

(1)家庭环境。

帕金森把家庭称为“制造人格的工厂”,许多人都认为家庭是塑造人格的第一课堂。因为家庭环境对人格的影响从发生的时间看,开始最早,持续最长;从作用看,范围最大,内容最广;从关系看,人与人之间关系最密切。

①家庭教育。家长对子女的教育具有天然的权威性和深厚的影响力,而且最有针对性。不同的家庭教育方式,将会产生不同的效果。美国学者鲍姆林德曾对不同类型父母教养子女的方式,对子女个性影响做了比较,结果如表7-2。

表7-2　不同教养方式家庭中的子女性格

家庭类型	家教表现	孩子个性
民主型(宽容)	保护与文化教养并重,满足与限制并用,父母与孩子关系和谐、融洽。	谦虚、有礼貌,待人诚恳、亲切,自立、乐观、自信。
权威型(专断)	严格控制、严厉惩罚、斥责、打骂。	畏缩怯懦、不信任、内向、孤僻、性情暴躁等。
放纵型(溺爱)	过分娇惯宠爱、百依百顺、放任自流、随意。	自理能力差、好吃懒惰、自私蛮横、不负责任、任性没礼貌。

(资料来源:贺淑曼. 健康心理与人才发展[M]. 北京:世界图书出版社,1999)

②父母自身的影响。父母是孩子的第一任老师。一个人从出生到走上社会，其间约三分之二的时间是在家庭中度过的，父母的心理状态、言谈举止、教养态度、为人处世、心理素质、品质素质和文化素质等，直接影响子女所经历的事件的认知与适应，直接影响他们人格的形成。个体从幼儿时期开始学习各种知识，除了儿童时期有意和无意的模仿外，绝大多数是靠父母有意识地言传身教。父母可以通过给孩子解释各种问题，运用各种事物的现象形态来启迪孩子的心灵，塑造孩子的人格，正如一位教育家所言："孩子是父母一步一步地引入社会的，希望我们的父母应努力以自己的模范言行，为孩子们编写一本出色的教科书，一部让孩子可以引以为骄傲的教科书。"

(2)学校环境。

学校的生活是学生塑造人格的重要原因。对于学生来说，如果学校生活中的体验主要是紧张、压抑、沮丧的，那么他就必然容易出现各种心理问题，不利于人格的构建。反之，如果学校生活的体验主要是轻松、乐观、积极的，那么他的心理状态就会倾向于积极良好，有利于人格的构建。

在学校环境中，人际关系是最为重要的一个方面，其中师生关系具有特殊的意义，可以说，一所学校中师生关系的状况，是构成这个学校环境的主要因素。从塑造学生人格的需求出发，学校必须建立以尊重学生为基础的、民主、平等的师生关系。在这样的师生关系中，学生能够获得充分的安全感和对教师的信赖感，从而毫无顾忌地表达自己的思想感情，自然地表露自己的困惑疑问，并随时得到教师的理解支持和帮助。

在学校同学之间的人际交往，也是影响人格发展的重要因素。如果一个学生能与群体中其他同学进行广泛的交往和联系，特别是与兴趣相同的同路伙伴经常在一起，进行思想情感的交流与沟通，就能从中得到启发、疏导和帮助，这不仅使人增进理解，心胸开阔，而且更可以使人感受到充足的社会安全感、信任感，从而大大地增强生活、学习和工作的信心和力量，最大限度地减少心理危机感。

(3)社会文化环境。

个体自出生开始就置身于特定的社会文化中，人格的发展总是在一定文化影响下进行的。社会文化塑造了社会成员的人格特征,使其成员的人格结构朝着相似性的方向发展,而这种相似性又具有维系一个社会稳定的功能。这种共同的人格特征又使得个人正好稳稳地“嵌入”整个文化形态里。

社会文化对人格的影响力强弱也视其行为的社会意义的大小而有所不同。对于不具有社会意义的行为,社会允许较大的变异;但对在社会功能上十分重要的行为,就不太允许太大的变异,社会文化的制约作用就越大。但是,若个人极端地偏离社会文化所要求的人格基本特征,不能融入社会文化环境之中,可能就会被视为行为偏差型心理疾病。

社会文化具有塑造人格的功能,这反映在不同文化的民族有其固有的民族性格,不同的地域有着不同的文化系统,不同的文化发展时期有着不同的文化认同。比如,米德等人研究了新几内亚的三个民族的人格特征,结果表明;来自同一祖先的不同民族各具特色,鲜明地体现了社会文化对个体的影响力。

社会文化对人格的影响力一直被人们所认可,它对人格的形成与发展具有重要的作用,特别是后天形成的一些人格特征,如性格、价值观等。社会文化因素决定了人格的共同性特征,它使同一社会的人在人格上具有一定程度的相似性,如民族性格等。

(三)当代高职生人格发展的基本特点

第一,能正确认知自我。首先是能自我认可,基本上能接受一切属于自我的东西,从而形成对自己积极的看法;其次是自我客体化,对自己的所有与所缺都比较清楚和明确,理解现实自我与理想自我之间的差别。大多数人都有明确的奋斗目标和愿望,并为之而努力。

第二,智能结构健全而合理,具有良好的观察力、记忆力、思维力、注意力和想象力,没有认知障碍,各种认知能力能有机结合并发挥其应有作用。

第三,对社会环境的适应能力较强,不断地进行社会化活动。当代高职生对外部世界有着浓厚的兴趣,有着广泛的活动范围和许多爱好,人际交往范围扩大,积极参与各种形式的社会实践。同时,能容忍别人与自己在价值观与信念上存在的差别,能根据事物的实际情况看待事物,而不是根据自己的主观愿望来看待事物。

第四，富有事业心，具有一定创造性和竞争意识。能把事业看成生活的重要组成部分，在事业上有较强的进取心和责任感；具有竞争意识，具有开放性的思想观念，少有保守思想；喜欢创造，勇于创新，甘愿冒险，独立性强，富有幽默感，态度务实。

第五，情感饱满适度。情绪上稳定性与波动性、外显性与内隐性并存，情感丰富多彩，积极的情绪、情感体验在学习、生活中占主导。

这些特点表明，我国高职生人格发展状况基本良好，高职生在人格教育方面具有良好的自觉性。

第二节　高职生常见的人格问题

当前，高职生所处的社会环境、学校环境和家庭环境充满了一些不利因素，社会不良风气向学校和家庭中不断蔓延，学校已不再是一座纯粹学习、发展的象牙塔，家庭教育中父母科学教育观念的缺失和错误教养行为的出现，在不同程度上影响着人格的健康发展，导致高职生的人格发展出现缺陷，严重的出现人格障碍。虽然真正出现人格障碍的高职生人数不多，但人格发展缺陷或人格问题在高职生中却比较常见。

一、人格障碍的含义

人格障碍又叫病态人格或变态人格，是指人格特征显著偏离正常，使患者形成了特有的行为模式，对环境适应不良，常影响其社会功能，甚至与社会发生冲突，给自己或社会造成恶果。

人格障碍有时与精神疾病有相似之处或易于发生精神疾病，但其本身尚非病态。严重躯体疾病，伤残，脑器质性疾病、精神疾病或灾难性生活体验之后发生的人格特征偏离，应列入相应疾病的人格改变。儿童少年期的行为异常或成年后的人格特征偏离尚不影响其社会功能时，暂不诊断为人格障碍。

二、人格障碍的共同特征

第一,人格障碍患者一般为18岁以上的成人。因为儿童青少年的人格尚处于发展之中,未完全定型。

第二,患者通常具有特殊的行为模式。具体表现为行为缺乏目的性、计划性和完整性;患者的感情淡漠,甚至冷酷无情;行为容易冲动,通常在偶然动机或本能冲动的支配下行事;行为的自制力差,经常与他人包括亲人发生冲突,出现害人害己害社会的消极后果。

第三,患者的行为特征模式具有长期性和持续性,可以追溯到童年期和青少年期,没有明确的起病时间,不具备疾病发生发展的一般过程。且一旦形成就难以改变,一般来说45岁以后会有所好转。

第四,患者通常对自身的人格缺陷无法自察,认为自己的行为表现理所应当,没有什么不对,还有些认识到自身缺陷但却难以改变。

第五,人格障碍者一般能应付日常工作和生活,能理解自己行为的后果,也能在一定程度上理解社会对其行为的评价,主观上往往感到痛苦。

第六,人格障碍难以治疗,各种治疗手段和医疗措施往往难以奏效,对患者的开导教育也难以起效。

三、常见人格障碍的类型

(一)偏执型

偏执型是一种以猜疑和偏执为主要特点的人格障碍。其特点为:广泛猜疑,常将他人无意的、非恶意的甚至友好的行为误解为敌意或歧视;或无足够根据,怀疑会被人利用或伤害,因此过分警惕与防卫;将周围事物解释为不符合实际情况的“阴谋”;易产生病态嫉妒;过分自负,若有挫折或失败则归咎于他人,总为自己正确;好嫉恨别人,对他人过错不能宽容;脱离实际的好争辩与敌对,固执地追求个人不够合理的“权利”或利益;忽视或不相信与患者想法不相符合的客观证据,因而很难以说理或事实来改变患者的想法。

（二）分裂型

这是一种以观念、外貌和行为奇特，以及人际关系有明显缺陷，且情感冷淡为主要特点的人格障碍。其特点为：有特异的信念或与文化背景不相称的行为；奇怪的、反常的或特殊的行为或外貌；言语怪异，并非文化程度或智能障碍所引起；不寻常的知觉体验，如暂时性错觉、幻觉；对人冷淡，对亲戚也不例外，缺少温暖体贴；表情淡漠，缺乏深刻或生动的情感体验；多单独活动、社交被动、缺乏朋友。

（三）反社会型

这是一种以行为不符合社会规范为主要特点的人格障碍。其特点为：18 岁前有品行障碍的证据，如经常逃学、被学校开除、因行为不轨不止一次停学、被公安拘留、反复说谎（不是为了躲避体罚）、习惯性吸烟喝酒、反复偷窃、多次参与破坏公关财务活动、反复挑起或参与斗殴、反复违反家规或校规、过早有性活动、虐待动物或弱小同伴等；不能维持持久的工作或学习，多次变换工作；有不符合社会规范的行为；易激惹，并有攻击行为，如反复斗殴或攻击别人；经常不承担经济义务，如拖欠债务、不抚养小孩或不赡养父母；行为无计划或有冲动性，如进行事先无安排的、无目的的旅行；不尊重事实，如经常撒谎，使用化名，欺骗他人以获得个人的利益或乐；对自己或他人的安全漠不关心，缺乏同情心；危害别人时无内疚感。

（四）冲动型

这是一种以行为和情绪具有明显冲动性为主要特点的人格障碍，又称为暴发型或攻击型人格障碍。其特点为：有不可预测和不考虑后果的行为倾向；行为暴发难以自控；不能控制不适当的发怒，易与他人争吵和冲突，尤其是行为受阻或受批评指责时；情绪反复无常，不可预测，易暴发愤怒和暴力行为；做事无计划，缺乏预见性和坚持性；强烈而不稳定的人际关系，几乎没有关系持久的友人；可有自伤行为。

（五）表演型

表演型是以过分感情用事或夸张言行以吸引他人注意为注意特点的人格障碍。其特点为：表情夸张像演戏一样，情感体验肤浅；暗示性高，很容易受他人的影响;自我中心,强求别人符合他的需要和意志,不如意就给别人难堪或强烈不满;经常渴望表扬和同情,感情易波动;寻求刺激,过多地参加各种社交活动;十分关心自己是否引人注目,言行方面竭力表现自己以吸引他人;情感易变,完全按个人情感判断好坏;说话夸大其词,掺杂幻想情节。

(六)强迫型

这是一种以要求严格和完美为主要特点的人格障碍。其特点为:做任何事情都要求完美无缺、按部就班;不合理地坚持别人也要严格地按照他的方式做事,否则心里很不痛快,对别人做事很不放心;犹豫不决,常推迟或避免做出决定;常有不安全感,反复考虑计划是否得当,反复核对检查,唯恐疏忽和差错;拘泥细节,甚至生活小结也要"程序化",不遵照一定的规矩就感到不安或要重做;完成一件工作之后常缺乏愉快和满足的体验,相反容易悔恨和内疚;对自己要求严格,过分沉溺于职责义务与道德规范,无业余爱好,拘谨吝啬,缺少友谊。

四、高职生常见的人格问题及其克服

这里所说的人格问题是介于健康人格与人格障碍之间的一种人格状态,表现为人格发展的不良倾向。高职生中常见的人格问题有自卑、害羞、怯懦、懒惰等。

(一)自卑

自卑表现的是一种自我贬低和对自己的不信任,是一种对自己不满、鄙视、否定的情感。进入高职后,有些高职生发现山外有山,人外有人,尤其是当学习、社交、文体方面显露出某些不足时就会陷入怀疑自己、否定自己之中,产生自卑心理。他们总是看到自己的不足,总是拿自己的缺点和别人的优点相比,总是把注意力集中在事情的缺陷、困难的消极方面。在遇到事情时,不是努力地想办法解决,而是逃避退缩,认为自己无法顺利完成任务、解决问题。

对于高职生来说,要克服自卑,可以从以下几方面入手。

第一,要正确认识自己,悦纳自己,"尺有所短,寸有所长",每个人都有自己的缺点和不足,但也有自己的优势和长处。我们要努力提高自己,改正缺点,但也应坦然接受那些无法改变的不足。有所短也有所长,不要为自己的所短而自卑。

第二,要根据自身实际认识和确立合理的目标。每个人的实际情况不同,所设定的生活目标也不一样。高职生生活在一个集体环境中,无论是学习还是生活目标的设定,都容易受到他人的影响,却没有很好的考虑自己的兴趣、个性和能力实际,在设定目标时所提要求过高,难以达成,从而慢慢地对自己失去信心,觉得一无是处。其实,我们只要从自己的实际出发,设定切实可行的目标并脚踏实地地去做,就能从目标的不断实现中积累自信。

第三,要学会正确地归因。个体对自己成功或失败的解释,会影响自信的程度。一个自卑的学生,在成功时通常归于自己的运气,但失败时却归责于自己的无能,运气和能力都是不可控的因素,这样在面临下一个任务时,他不会认真地去准备、去付出,因为不知道运气怎么样,因为自己就是一个“无能的”人。所以,无论是对成功还是失败,高职生都要学会做一些具体的可控的归因,如是不是努力了、是不是认真了、是不是方法正确了等。这样即使没有成功,也会有信心通过认真努力去赢得未来的成功。

(二)害羞

害羞,又称为羞怯,是高职生中常见的一种人格不良表现。害羞的高职生一般害怕与陌生人交往,不敢在大众场合发表自己的意见,与异性同学相处时会手足无措,见到老师会紧张得说不好话等。害羞是一个人自我防御心理过强的结果,他们常常过于谨小慎微,过于胆小被动,对自我的关注过多,对自己缺乏信心。

害羞可能每个高职生都会遇到,但过分的害羞、不合场合的害羞、习惯性的害羞是有害的,会导致个体出现焦虑、压抑、孤独等不良心理状态,尤其是影响个体的人际关系。容易害羞的高职生可以通过有意识的自我调节来改变,如多看到自己的优点,通过成功不断积累信心;即使出现错误也不要有太大的思想负担,每个人都会犯错,我们都是在错误中不断改进不断成长的,每个人也都有自己的生活,没有谁会把注意老是集中在自己的错误上;即使听到有人议论也不必太放在心上,只要自己清楚从当前事件中获得什么就可以了,当然也可以认真吸取他人的意见,以此作为自己改进的基点;最后要有意识地进行自我锻炼,勇敢地去说、去做,在不断的操作和实践中积累成功的经验和信心,克服害羞的不良倾向。

(三)怯懦

怯懦是指个体在做事时缺乏勇气和信心,在挫折、困难面前常常知难而退,甚至不战而退。怯懦者通常自信心不足、责任心不强、冒险性不高。有些高职生由于胆怯,不敢与人讲话,不敢出头露面,也不敢表明自己的态度,甚至不敢向老师提问题。有些高职生由于软弱不敢冒风险,不敢担重任,不敢与坏人坏事做斗争,不敢坚持自己正确的观点。但越是这样回避矛盾、躲避失败,越是容易体验到强烈的挫折感。"只许成功,不许失败"的非理性意念是造成一些高职生怯懦的认知因素。

在挑战与机遇并存的现代社会,怯懦者会失去很多成功的机会,并可能成为落伍者。积极迎接挑战,争做生活的强者才是明智的选择。改变怯懦的最好办法是要敢于抓住机遇,积极锻炼,不怕失败,不怕丢面子,不怕担子重,多给自己鼓励和加压,在生活的词典中去掉"不敢"二字。

(四)嫉妒

当前随着社会上功利主义的盛行和向校园的不断渗透,高职生中的嫉妒心理比较常见。嫉妒是一种焦虑、愤怒和怨恨他人优于自己的复合情绪,是一种强烈的想要排除他人超越的地位或想破坏他人超越的状态。好嫉妒的高职生容不得他人在相貌、才能、地位等方面优于自己,往往感到愤怒、忧虑和怨恨,通常会贬低或诽谤他人来求得心理上的平衡。

嫉妒会影响高职生的人际关系,同学之间会因嫉妒而互相猜疑、互不信任,既伤害他人感情,又给自己带来烦恼;嫉妒还使得嫉妒者蒙蔽于愤怒焦虑之中,看不到他人的长处,无法正视自己的不足,阻碍了成长的脚步;嫉妒会影响高职生的身心健康,可能会出现偏头痛等生理上的疾病。

要克服嫉妒,首先要正视自己,要学会接受自己的不足和别人的优异。在不如别人时,要从自己身上查找原因,找到改进的办法,而不是一味嫉妒别人。其次要努力提高自己。站得高,才能看得远,每个人都有自我实现的潜能,当个体站在了自我实现的顶峰,充实和完善了自身,也就不会将眼光狭隘的拘禁于他人优于自己的所在。再次可以采用“酸葡萄”和“甜柠檬”的心理策略。狐狸想吃葡萄而不得，说葡萄是酸的，为“酸葡萄”心理，即自己得不到的东西就是不好的；狐狸遍寻食物只得一枚酸柠檬，说柠檬是甜的，此为“甜柠檬”心理，即自己得到的东西，尽管不喜欢或不满意也坚持认为是好的。这两种心理都是个体在愿望没有达成、目标没有实现时为减轻紧张和痛苦、保护自尊而采取的心理防御机制，是消除嫉妒这一消极心理的有效策略。

（五）空虚

经过三年紧张的学习，成功迈入高职的校门后，不少高职生尤其是低年级学生失去了明确的目标，出现了不同程度的空虚感，如无聊、困惑、失落等。虽然有的同学忙于赶到不同的教室上课，或忙于参加不同社团的活动，或忙于结交不同的朋友，但似乎整天忙忙碌碌却总有一种空虚挥之不去。究其原因，上课、社团或交往等学习、实践、生活中的各种活动，几乎都是被动的或“人云亦云”式的开展模式，而不是从内心生发的一种需要。而这与学生应试的教育经历、高职生活适应不良、个体认知偏差有关。

要积极预防和有效减轻高职生的空虚，可以从以下方面入手：一是基础教育尽快摆脱应试教育的束缚，实施素质教育。二是高校在强调专才教育的同时，要重视对学生人文素质的培养。三是充分发挥教师在教育过程中的主导作用，激发学生的学习积极性，培养自学能力。四是高职生要增强自我教育意识，重塑个性品质，可以通过积极参加各种有益的社团文体活动、合理规划自己的生活学习、学会控制和消除消极情绪、培养良好的意志品质等进行自我教育。

（六）拖延

拖延通常表现为个体明知道事情应按预定目标完成，却因为非理性的原因，一再地将该做的事情往后推延，同时内心产生强烈的焦虑感和负罪感。国内有研究发现，74%高职生存在拖延倾向，33%高职生在学习方面受到拖延困扰。拖延会导致高职生学习效率低下，生活状况紊乱，产生自责、烦恼、失望、焦虑、抑郁等消极情绪感受。

高职生拖延与自身的人格、动机、自我效能感等因素有关。高职生的责任感越强、严谨性越高、神经质水平越高，其拖延程度越高。拖延与自我效能的缺失有密切关系。自我效能感低的人多认为自己做事情的能力不行，不去努力追求成功，而是被动接受失败，因此越来越多地表现出拖延行为。还有的学生拖延是为了避免失败。他们因为害怕自己的表现不能达到一定的标准，用拖延来推迟或逃避执行有失败风险的任务，以避免出现消极的结果或受到他人的消极评价。

除了上述主观因素，高职生拖延还受到父母教养方式、任务性质和时间条件等外部因素的影响。父亲的教养方式会直接作用于子女的拖延行为，母亲的权威型和专制型教养方式通过自我系统影响到子女的拖延。对于必须要完成的不喜欢的、难度较大的任务，高职生会尽量拖延；另外，任务的时间越充裕，距离完成任务的最后期限就越长，高职生对完成任务所获得奖励的期待就会大打折扣，也就不愿意过早付出努力，导致拖延。

要改变拖延，首先要树立对自己、他人和世界的正确认识。拖延是在个体非理性信念的条件下产生的，非理性信念主要是因为个体不切实际的要求导致。因此高职生要正确评估自己的能力，避免对自己的过度要求，正确认识他人的要求，以免达不到要求而用拖延来应付。其次要科学合理的安排自己的时间。和高中不同，高职的时间更多的由学生自己支配。要减少拖延行为，要科学合理的安排自己的学习和生活事务，制订切实可行的计划并坚决贯彻执行。计划不能过于笼统，而应该具体、可操作。可以将大的任务分解为一个个小的任务模块，并借助外部监督的力量防止拖延。在执行计划的过程中要保持高度专注，不能被上网、玩微信等细碎的活动干扰；完成任务后可以给自己一定的奖励，增强成功的体验。最后，当高职生的拖延比较严重，无法通过自己的努力发生改变时，可以寻求心理医生的专业帮助，采用专业的方式方法，消除拖延，改变自我。

第三节 高职生健康人格的塑造

心理健康教育的根本目的在于更好地培养具有未来品质的人才,使学生在走向社会、选择同世界接触的最佳方式中,形成健康的人格模式。能否拥有健康的人格,关系到高职生个体的人生成长,也关系到国家民族的未来和希望。近年来,高职生中自杀、伤人、虐待动物等人格裂变事件时有发生,高职生人格健康问题引起了大众的普遍关注,高职生健康人格的培养已刻不容缓。本节主要就什么是健康人格、高职生健康人格的标准、如何塑造高职生的健康人格三个问题展开分析。

一、健康人格的含义

健康人格是指人格和谐、全面、健康的发展,人格处于健康状态,是与社会环境相适应,为其他社会成员所接受而又充分展现主体个性特征的人格模式。

人格健康的个体身上会集中体现各种良好的人格特征,对此国内外学者有不同的认识,主要有以下内容。

阿尔伯特的"健康成熟的人"的六个特征:自我扩展能力,与他人热情交往的能力,自我接纳的能力和安全感,实际的现实知觉,自我客观化,统一的人生哲学。

罗杰斯的"机能完善的人"的五个特征:对任何经验都开放,自我与经验相协调,利用自身的经验评价过程,无条件的自我关怀,与他人和睦相处。

弗洛姆的"创发者"的四个特征:创发性爱情,创发性思维,有真正的幸福感,以良心作为定向系统。

马斯洛的自我实现的人的十五个特征:准确和充分地知觉现实,对自己、别人、大自然表现出较大的宽容,情感的自发性、单纯性和自然性,以问题而非自我为中心,超然于世的品质和独处的需要,自主的、独立于环境和文化的倾向性,永不衰退的欣赏力,周期的神秘或高峰体验,和所有人打成一片的倾向,只和为数不多的人建立深厚的个人友谊,接受民主价值的倾向,强烈的审美感,十分完善的毫无恶意的幽默感,创造性,抵制适应社会现存文化。

高玉祥认为人格健康者的特征有：内部心理和谐发展，能够正确处理人际关系、发展友谊，能把自己的智慧和能力有效地运用到能获得成功的工作和事业上。

黄希庭认为健康人格特征的人应该是对世界抱开放态度，乐于学习和工作，不断吸取新经验；以正面的眼光看待他人，有良好的人际关系和团队精神；以正面的态度看待自己，能自知、自尊、自我悦纳；以正面的态度看待过去、现在和未来，追求现实而高尚的生活目标；以正面的态度对待困难和挫折，能调控情绪，心境良好；总之，以辩证的态度对待世界、他人、自己、过去现在和未来、顺境与逆境，是一个自立、自信、自尊、自强、幸福的进取者。

综上，人格健康的人，其人格的各方面是统一、平衡的。虽然生活中大多数人达不到上述全部标准，但也为我们提供了衡量个体人格健康的标准尺度，也为高职生健康人格的培养提供了明确的努力方向。

二、高职生健康人格的特征

在高职阶段，个体人格正处于走向成熟、由量变到质变的重要时期。高职生的健康人格一般具有以下特征。

第一，具有积极的自我意识。人格的核心是自我意识。自我意识是个体对自己、自己与他人、周围世界关系的认识。高职生心理问题的产生在很大程度上是因为自我意识出现了偏差，妄自尊大或者妄自菲薄，或者自视清高、盲目自信，所做事情超出自己的能力所及，从而产生紧张焦虑等情绪，出现认知上的冲突和矛盾。具有健康人格的高职生能够客观、恰当的评价自己，愉悦的接纳自己，充满自信的去完成学习和生活中的各种任务，并能根据现实需要灵活的调节自己的行为，与环境保持一种动态的平衡。

第二，具有良好的情绪调控能力。良好的情绪调控能力是健康人格的关键。人格健康的高职生能够经常保持稳定、愉快、满意、开朗的心境，对生活充满着热情，善于自得其乐，并富有幽默感；并且能够将生活中的悲、伤、怒、惧等消极情绪进行合理地宣泄、排解、转移和升华，把消极情绪对身心的伤害降低到最低程度。

第三，具有和谐的人际关系。人际关系最能体现一个人人格健康的程度。人格健康的高职生多乐于助人，喜欢与他人交往，并能够与他人建立良好的关系；与他人相处时，尊重、信任、接纳等积极态度多于嫉妒、怀疑、冷漠等消极态度；常以真诚、平等、谦虚、理解、宽容、关爱的态度对待他人，同时也受到他人的尊重与接纳。

第四，具有良好的社会适应能力。社会适应能力反映了人与社会的协调程度。人格健康的高职生能够与社会保持良好的密切接触，以一种开放的态度，主动关心社会、了解社会；在认识社会的同时，使自己的思想、行为与时代发展同步，与社会的要求相符，能很快适应新的环境，包括生活环境、学习环境和人际环境等。

第五，具有乐观的生活态度。积极乐观的生活态度是人类在社会实践中获得的本质力量的表现。拥有健康人格的高职生常常能够看到生活的阳光，对前途充满信心和希望，对自己所能做的事情抱有浓厚兴趣，并在其中努力发挥自身的智慧和能力。即使在遇到挫折时，也不畏艰险，勇于拼搏。

上述特征得到了高职生群体的基本认同。2005 年，有研究者以高职生为被试，采用实证研究方法考察了高职生视角中的高职生健康人格的特征，结果发现，高职生认为，人格健康的高职生应具备道德品质、学习和工作态度、良好的承受挫折和适应能力，积极的情绪，自我和对他人的态度以及人际关系等六个方面的特征。和西方学者的观点相比，该发现突出体现了中国高职生健康人格的道德和社会价值取向，符合我国公众注重社会道德，重视人与人之间的关系的文化特点。

三、高职生健康人格的塑造

健康人格是可以塑造的。塑造健康人格的过程也是人格由量变到质变发展变化的过程。高职生健康人格的塑造应从思想道德教育、社会实践活动、自我教育能力、学校心育环境创设等方面来开展。

(一)高度重视高职生的思想道德教育

1. 帮助高职生树立远大的理想、坚定的信念和正确的价值观

远大的理想、坚定的信念和正确的价值观是个人奋斗的动力之源，是人行为的最高调节器，制约着人的整个心理面貌，直接影响人的个性品质，是推动人格发展

的重要动力。高职要以“两课”教学为主阵地,引导高职生树立崇高的理想和信念,使他们有高尚的人生目标追求,并将这种追求贯穿于一生。引导高职生确立正确的人生态度,以科学、乐观、积极的态度对待生活,正确认识和处理自我价值和社会价值的关系。使他们认识到人生价值的实现过程就是人与社会的交流过程,没有社会价值,人生的自我价值就无法存在,只有人对社会做出贡献,才能得到社会的承认,才能体现自己的价值,人生才有意义。

2. 引导高职生对社会公德的理解、认同,培养他们高尚的道德情操

教师要充分挖掘和选用生动的事例,通过案例教学,增强高职生对社会公德的理解、接纳、选择并内化为自己高尚的道德认知;引导他们参与社会热点、难点问题的研讨,提高他们对复杂社会问题的辨别能力。也可以针对高职生的日常生活,让他们反思自己的不良人格和不道德行为,引导他们做出正确选择,增强其社会公德意识、公民权利与义务意识。课堂教学中应尽可能淡化知识传递色彩,多采用讨论、辩论、答辩等教学方式,激发学生学习兴趣,通过师生间的互动,实现着知识、情感、态度、价值观的交流与升华,进而实现知识的积累和人格的完善。

(二)重视高职生人格的自我管理,强化高职生的自我教育能力

1. 引导高职生树立正确合理的信念

美国心理学家艾里斯指出,人的情绪来自人对所遭遇的事件的信念、评价、解释,而非来自事件本身。对事件的不合理信念是高职生产生情绪困扰甚至引发人格障碍的重要原因。因此,要引导高职生树立全面的、发展的和辩证的思想和观点,认识和消除生活中的不合理信念,为良好人格的培养和维护提供理性基础。

2. 帮助高职生形成正确的自我认知能力

要引导高职生学会客观地认识自己、观察自己和评价自己心理活动以及人格发展中的优点和缺点。由于缺乏必要的心理学知识,一些高职生缺乏认识自己人格的意识和能力,对良好人格特征的形成产生严重的影响。因此,教育中要结合日常管理或利用班团会等活动,引导和组织高职生开展诸如“认识自我”等系列活动,让大家真诚地敞开心扉,畅所欲言,在相互信任和心与心的交流和碰撞中,客观

地解剖自我，认清自我，为人格的培养和维护提供了良好的发展契机和心理环境的支持。

3. 教育高职生学会客观体验自我、主动监控自我

要引导高职生在无人监督的情况下，面对自我，反省自我，找出自身人格中的优缺点，一分为二地看待它们对自身发展的积极与消极影响。客观体验自我，既不妄自尊大，也不妄自菲薄。并从小事做起，针对人格发展中的不足，有意识地加以改善，以实现对自我人格的监督和管理。久而久之，自卑、抑郁、孤僻、焦虑、悲观、懒散、暴躁冲动等不健康的人格因素就会逐渐削弱；自信乐观、自觉、自制、果断等良好的人格特征就会逐渐形成。

（三）创造条件让高职生积极参加各种实践活动

第一，开展优秀文学艺术作品的赏析活动，提升高职生的人文修养水平。学习科学文化知识，增长智慧的过程也是优化人格的过程。学校要利用图书馆、阅览室等阵地，创造有利条件，鼓励高职生多涉猎中外古今优秀的经典文艺作品，引导高职生耐心细致地研读一些哲学社科名著；还可以开设文学赏析等选修课，和高职生一起赏析、思考和感悟经典名著，感受作品中人物人格的真善美。这对高职生完善自我的人生价值、提升自我的人格魅力具有重要的教育感染作用。

第二，组织和引导高职生积极参加各种实践活动。教学实习、见习活动、社会公益活动以及参观、访问、考察等实践活动，不仅丰富了高职生的精神家园，陶冶他们的情操，激发他们的社会责任感和服务奉献精神，激励他们立志成才、报效祖国、服务社会的信念，而且对抑制高职生孤僻、任性、忌妒等不良人格的发展，养成宽容、责任等良好人格十分有益。

第三，激发高职生积极参加体育活动，培养其运动的兴趣和习惯。健康的体质是人格健康发展的物质基础，一个体弱多病的人是难以发展健康人格的。懒惰、急躁、怯懦等人格发展缺陷与体质的不良不无关系。高职要以秋冬季运动会为依托，利用多种途径，采取多种方式精心组织高职生参与体育锻炼，引导高职生坚持锻炼身体，增强体质，这对形成坚韧、果敢、自制、宽容等人格具有积极作用。

（四）完善和发挥高职心理健康教育组织的作用，创建良好的校园心育环境

1. 完善和发挥高职的心理健康教育组织机构及其作用

利用学校心理咨询室的专业优势，宣传并丰富高职生的心理卫生知识，对高职生的心理问题给予及时的咨询辅导和干预。通过系部和班级学生心理健康组织，主动深入学生，了解学生的内心需要和困难，敏锐察觉学生的心理和行为问题。并利用班会活动，介绍一些增进心理健康的有效途径和心理自我调适以及消除心理困扰的方法。围绕适应问题、人际关系紧张问题、择业择偶问题中存在的不良人格表现，通过谈话和讨论等方式，使学生对常见的心理问题及其产生原因有清晰的认知，对消除不良人格、维护和保持高职生积极、乐观向上的良好人格具有重要作用。

2. 创建良好的校园教育环境

第一，建立心理健康教育的物质载体。如建立高职生团体和个体心理咨询室、心理信箱、心理小报、心理网站等，帮助高职生消除烦恼，释放压力，提高心理调适和应对能力。第二，创设良好的班级文化。利用墙壁、橱窗或通过班会、团会、活动课等形式进行心理健康教育宣传，使高职生树立重视心理健康的意识和理念。第三，开展形式多样的心理健康教育活动。引导高职生积极参与校园心理剧、心语沙龙、心理手抄报、心理社团等活动，这对强化高职生良性情绪和情感，消除心理矛盾和困惑具有重要作用。

总而言之，当代高职生追求卓越的人生，必须具备健康的人格，因此了解健康人格的特征和塑造方法，才能不断完善自己的人格，创造更加辉煌的人生。

第八章　高职生的压力管理与挫折

第一节　高职生的压力概述

一、压力的定义

压力是指人们在社会适应过程中,对各种刺激做出的生理和行为反应是所产生的一种紧张的心理体验和感受。压力在西方文献中也称为应激,压力是一般意义上使用的概念,应激则是临床使用的概念。加拿大生理心理学家汉斯・赛利(Hans Selye)在《生活的压力》一书中首次对人的"压力"进行研究。赛利认为,压力是呈现出某种特殊症状的一种状态,这种状态是由生理系统中应对刺激的反应所引发的非特异性的变化组成。任何问题(包括真实的想象的)都会使大脑皮质向下丘脑(应激反应的主要开关)发出警报,然后下丘脑会刺激交感神经系统,在体内产生一系列变化,包括心率和呼吸加快、新陈代谢加快、肌肉紧张、血压升高。这时候,人的手脚会发冷,因为血液被从消化系统和肢体末梢导向有助于战斗或逃跑的较大肌肉群;有些人心里会忐忑不安,导致瞳孔变大,听力也会变得敏锐。遗憾的是,在产生慢性压力期间,当对趋避反应的生理反应持续不加抑制时,便会发生具有长期副作用的其他现象,如肾上腺分泌出类皮质激素(肾上腺素和去甲肾上腺素),抑制了消化、生殖、生长、组织修复以及免疫系统的反应。就是说,对于身体健康而言,非常重要的功能开始中断。

(一)压力是一种心理感受和体验

我们这里所说的压力不同于力学范畴中的压力。力学中的压力是实实在在的直接作用,可以测量,并且也容易控制和消除。而心理压力则是一种心理感受,同时存在个体差异。压力是心理失衡的结果,来源于内心冲突,如理想与现实、自我与社会等冲突,引入我们的内心世界,从而引发焦虑、苦恼等情绪体验和感受。

(二)压力是压力源作用的结果

压力虽然是一种体验,但离不开客观刺激——压力源。诸如生活费超值、即将到来的期末考试、毕业后的就业问题等,成为高职生压力的原因。

(三)压力反应与主观评价

压力并不直接导致我们的感受和体验,而我们对压力的认识反应或主观评价,决定了我们的感受和体验。对压力的反应包括心理和行为两个方面。

1. 压力的心理反应

在压力情境下,个体的感知功能被激活,注意力集中,记忆力增强,思维变得活跃。个体的认知反应既有积极的一面,也可能具有消极的作用。积极的一面是认知活动增强,有利于应对压力情境,迎接威胁与挑战。但也可能产生诸如"灾难化"消极认知反应,即对负性压力源的潜在后果估计得过分严重。消极认知应还包括自我评价降低,使得个体的自主感知自信心丧失。例如,一个长期得到师生称赞的学生,突然面对一次考试失利,很可能就会一蹶不振,变得怀疑自己。个体的心理反应还集中在情绪方面。面对压力,个体最常见的情绪反应包括焦虑与恐惧、愤怒与怨恨、抑郁等。

2. 压力的行为反应

压力条件下的行为反应,与心理和情绪反应密切相关,也可以将其视为心理和生理过程的外显反应。行为反应主要涉及面板表情、目光、身姿和动作,也包括声调、音高、语速和节奏等副言语线索。当压力超过当事人承受能力的时候,个体的行为反应可能会显得惊慌失措,以致身体的协调能力和灵活性下降,动作刻板,或运动性不安,搓手顿足;或运动减少而呆滞木僵。

3. 对压力的认知和评价

个体对压力的反应,不是直接而单纯的,而是要受到中介机制——认知评价的影响。它决定着个体如何看待刺激的行走与压力的大小。认知与评价机制主要取决于以下因素:①压力源本身的性质与特点,即使单一性的还是复合性的,一般性的还是破坏性的。②社会支持系统。当个体具有较强的社会支持系统时,他可能对压力知觉为没什么大不了的,自己可以得到帮助;相反,社会支持系统薄弱的人会很沮丧,有一种独自面对困难的悲伤。③当事人自身的身心特点。主要包括三个方面:性别、年龄、受教育程度、经济状况、婚姻状况、职业等人口统计学状况;体魄强壮与否的生理状况;认知与归因风格、性格倾向、情绪状态、应对能力与应对风格、人格动力特征、自我概念等心理因素。

压力在日常生活中是不可避免的,贯穿于人生的各个方面,比如,疾病、失恋、失去亲人、升学、就业、失业、面试、考试、对陌生环境的抗拒等。当压力适度时,个体在生理上会表现出呼吸和心率适当加快、消化蠕动和分泌减少、血压升高、各种激素分泌增加等有利于机体适应力提高变化,在心理上也表现为注意力集中、思维敏捷等。适宜的压力有助于我们应对日常生活的中的挑战与改变;但过度的压力会导致身心功能紊乱。生理表现为口干、舌燥、腹泻、呕吐、头痛等不良症状,在心理上也会表现出情绪波动过大、焦虑、烦躁、抑郁等症状。

当今社会经济发展迅速,生活节奏加快,人们面临的压力前所未有的增加,人们在追求物质生活的同时往往忽略了心理卫生,造成很多危害。因此客观的认识和分析压力的来源,直面压力,给压力以正确对待,对人的身心健康至关重要。

二、压力源

压力源又叫应激源或紧张源,是指对个体的适应能力带来挑战,促进个体产生压力反应的因素。作为刺激被人感知到,或作为信息被人接收到,一定会引起主观的评价,同时产生一系列相应心理和生理变化,如果刺激需要付出较大努力才能进行适应性反应或这种反应超过了人所能够承受的适应能力,就会引起人的心理、生理平衡的失调即紧张状态反应的出现,这个使人感到紧张的内外刺激就是压力源。压力源大致可分为躯体性压力源、心理性压力源、社会性压力源和文化性压力源四大类。

(一)躯体性压力源

躯体性压力源是指通过人的躯体直接发生刺激作用而造成身心紧张状态的刺激物,包括物理性的、化学性的、生物的刺激物,如过高的温度、噪声、躯体疾病、劳累、饥渴、睡眠失调等。这些刺激物不仅引起生理的压力反应,也可间接引起心理的压力反应。

(二)心理性压力源

心理性压力源是指来自人们大脑中的紧张信息,包括错误的认知、个体的特殊不良经验、道德冲突以及长时间养成的不良惯性思考模式及不良个性心理特点(如易受暗示、多疑、嫉妒、自责、悔恨)等。

(三)社会性压力源

社会压力源主要是对个人生活方式产生干扰并要人们对其做出调整和适应的情景与事件。这里的生活样式是指组成一个人日常生活方式的许多"经验和事件"。包括居住地区环境、工作类别及工作的环境、娱乐活动的种类与时间、体力活动的程度、社会联系等。社会压力的产生可以分为两个部分:单纯性的社会压力源和由于自身问题造成的人际适应问题。纯社会性的,如重大社会变革、重要人际关系破裂、家庭长期冲突、战争、被监禁等;自身情况,如个人心理障碍、传染病等造成的人际适应问题,如社交不良、强迫症等。

(四)文化性压力源

文化性压力源,最为常见的是"文化性迁移",如由一种语言环境进入另一种语言环境,或由一个民族聚居区、一个国家迁入另一个民族聚居区或一个国家。在这种情况下,一个人即将面临新的环境、新的生活方式、陌生的习惯风俗,迫使个体不得不改变原有的生活方式和习惯,以适应新的变化。例如出国留学如果缺乏对环境改变应有的心理准备,且没有一定的外语水平,那么在异国他乡就很难适应,难以沟通,最后不得不中断学业。

我们将压力源分为四种类型,只是理论分析的需要,其实现实生活中极少有纯粹单一的压力源,多数压力源都涵盖着两种以上的因素,特别是心理性压力源和社会性压力源。所以我们在分析压力源时要有综合的视角综合分析。压力源产生的影响,有些可以忽视,有些可以做出轻微反应,有些则会引起高度的压力反应,特别是对阅历和心智还不够稳定的年轻人,很容易因压力导致身心失衡。

三、压力的影响

压力会对个体产生一系列的影响,其影响性质可能是积极的,也可能是消极的,这与压力本身的性质有关,也与个体如何把握压力以及个体压力的承受能力有关。我们应当辩证地看待压力的影响。

(一)压力的积极影响

日常生活中压力是普遍存在的,适度的压力能够对人产生积极的影响,例如,集中注意力、激发斗志、促进思考、改进工作等。

生活中人们常说,压力像弹簧,压力越大,弹力越大。“压力可以变成动力”就是对压力积极影响的肯定。正是由于压力的存在,极大地激发出个体的主观能动性,个体充分调动潜能应对压力,从而使自身的心理承受力得到增强,使自身生物性行为和正向的适应性行为增多,通过这种方式自身的动力性也随之增长。个体在以后面对压力时,能保持乐观的心情和应对压力的信心。

心理学的研究表明,早年的心理压力是促进儿童成长和发展的必要条件。经受住生活压力的青少年在以后的生活和工作中更容易适应环境,更容易取得成功;反之,早年生活条件太好,没经历过挫折和压力,则如同温室里成长的花朵,经不起生活的风吹雨打。因此适度的压力是维持正常身心功能活动,激发人的积极性和主动性,锻炼和培养良好意志力品质的必要条件。

(二)压力的消极影响

适度的心理压力对个体产生的积极影响固然令人欣慰,但另一方面,个体因心理压力过度或对压力事件处理不当,则有可能在生理、心理、行为等方面产生消极的影响,如果长期得不到疏导,还会导致其出现心理危机,容易引发一系列身心症状,如紧张性头痛、焦虑、抑郁、意志减退,行为异常等。在地震、战争等破坏性压力面前,很容易使人患上创伤后压力失调或创伤后应激障碍,造成感知、情绪、行为等方面的系列问题。调查发现:目前心理压力是造成身心疾病的主要原因之一,是影响人们心理健康的最主要的因素,与心理压力有关的慢性病也逐年呈上升且年轻化的趋势。

四、从压力源到身心症状的过程分析

压力会对个体产生是消极影响,这与压力本身的性质有关,也与个体如何把握压力以及个体压力的承受能力有关。压力如何导致人出现各种症状的呢?从压力源到临床症状产生大体经过三个阶段。

(一)对压力的响应阶段

不是所有客观上已经发生的事件都可以成为压力源,只有被个体察觉、与个体生活相关并引起响应的事件,才对个体构成压力。虽然有危险刺激出现,如果个体未有察觉,对他产生不了压力。一般来讲,与个体需要密切相关的刺激事件容易被察觉。

(二)中介系统的增益或消解过程

压力作用于个体后,并不直接就表现出身心症状而是进入中介系统,经过中介系统的增益或消解,事件的相对强度和性质可以产生某些改变。中介系统包括:认知系统、社会支持系统、免疫系统。三个中介系统分别具有两种功能:一是增益功能,使事件的强度相对增加;二是消解功能,使事件的相对强度减低。

1. 认知系统的作用

(1)认知、评估作用。

当压力源出现后,个体如果能正确地认识和评估压力,正确评估自己的实力,并确定相应的应对方式,可使压力事件的强度相对降低,否则,效果相反。

(2)调节控制作用。

当压力源出现后,当事人是否认为自己能够控制局面。如果当事人认为自己能够自主地控制或调节压力的出现与发展,压力可控,就不会过度焦虑、紧张;如果个体认为压力事件不可控，在压力事件面前自己无能为力，则易出现过度紧张、恐惧与恐慌。

(3)人格的中介作用。

所谓人格，是一个人经常表现出来的、带有动力特征的、稳定的心理特征的总和。它包括一个人的理想、信念、世界观、需要、动机、气质、性格等。面对压力是勇敢面对、积极进取；还是消极软弱、退避三尺；其对个体的结果自然不同。目前，有人将人格分为外控人格和内控人格两种，并认为外控人格者的一个重要特征是个人生活中的主导力量来自外部，自己无能为力；而内控人格者认为在生活中发生的事件，根源在自身，成功是个人努力的结果，失败是自己的失误。显然内控人格者在遭遇压力事件后，由于较少抱怨，其体验到的压力感自然比外空控人格者低。

2. 社会支持系统

社会支持系统也称为"社会关系网"，即个体在自己的社会关系网络中所能获得的、来自他人的物质和精神上的帮助和支援。社会支持系统的作用有两种：一是在物质上具体地给予帮助，增加其应对压力的物质条件；二是给当事人精神支持，帮助当事人认识、理解事件的性质和强度，与当事人一起策划应对方式，使当事人摆脱孤独感，增强应对压力的信心。

有学者研究表明：在年龄、性别、经济收入和日常生活习惯基本相同的条件下，有密切的社会联系，如家庭、婚姻、非正式社团组织联系的人，寿命较长。缺乏密切社会联系的人，有 3%～30%的机会更容易死亡。这也从一定程度上说明良好社会支持系统对压力的缓解作用。

3. 生物调节系统

生物调节系统主要包括：神经内分泌系统和免疫系统。它们的功能状态好，可以防止或降低应急后果的躯体化症状，反之则不然。

大量研究显示：压力也会影响人的免疫系统，从而使其他系统也受到不良影响。最明显的表现是其他系统变得容易受到疾病侵害。如学习压力大，免疫球蛋白分泌会减少，上呼吸道感染机会增多，老年男性丧偶后，T 淋巴细胞会降低，这会导致老年丧妻者易患病。

4. 临床阶段

压力经由中介系统进入临床相阶段后，临床症状又有及时型症状和滞后型症状两类。

及时型的症状是相应压力经过中介系统的处理后，迅速表现出的临床症状；滞后型的症状是压力在中介系统中进行处理时，由于中介系统的子系统——认知系统对事件的性质和意义评估比较模糊，于是作为潜在的模糊观念积存起来；当后来的类似事件出现时，积存的模糊观念又被激活并赋予它新的意义，获得新意义的模糊观念明朗化，于是再次发生效用。一旦表现在临床上，便形成滞后性的临床相。

由此我们可以看出，个体对压力事件的实际反应，是由中介系统对压力进行增益或消解获得相对强度决定的。中介系统的总体功能，是由三个子系统各自的功能状态决定。个体面对压力，经由中介系统作用以后，就有可能在生理、心理或行为上发生一些变化，形成所谓的临床症状。从压力源到身心症状的过程分析，为我们进行压力管理提供了很好的依据。

第二节　高职生压力的产生

一、高职生压力来源

如果说精英教育下的高职生是作为“天之骄子”的优势存在，那么大众化教育下高职生只能作为普通的一员而存在，“天之骄子”的优越感已经淡化；压力作为社会普遍现象存在着，接受高等教育的高职生所面临的压力应该有所降低才是，但来自社会、家庭、学生自身的压力不减反增。那么，高职生所面临的压力都有哪些来源呢？

(一) 生活压力

生活作为人类存在的一种状态，高职生作为人类的一员存在，首先要面临的是生存问题或者说是生活问题。高职生处在学校与社会的交接点，已经或多或少的接触了社会,面对社会和学校之间存在的巨大差距,难免有种不知所措的感觉,可毕业要走向社会又不得不使他们必须做好面对社会的心理准备,在这种差距之中去面对,无形之间产生了一种压力。

高职入学适应可以被视为特殊的发展类型压力。年轻人想象中的高职生活是绚烂多彩的,然而,有的学子却发现现实中的高职并非自己想象有那么完美。有的学生感到自己所考上的高职与自己梦想的高职相去甚远,心理产生强烈的冲突。新入高职的学子进入高职后,发现自己只是很普通的一员,有人称这叫作"高职生的相对平庸化现象",有些学生不能恰当地接受和对待,表现为自信心下降,产生强烈的自卑感,甚至出现强烈的嫉妒心理和攻击行为。现在的高职生大多为独生子女,而且没有集体住宿和生活自理的经验,自我为中心的思维方式与现实的生活方式发生冲突,进入高职后,衣服要自己洗,钱要自己管理,大部分事都得自己拿主意,尤其是好多家长把一学期的钱都给了学生,拿着这么多钱又没有父母的督促,缺乏一个统筹性的安排,盲目冲动消费太多,于是好多新生感到了困惑。

(二)学习压力

高职生作为学生,学习是天职。经历了高考的黑色星期天,走过了万马穿行的独木桥,多多少少会感觉高职应该是一个自由轻松的象牙塔童话世界,可是上了高职随之而来的大小不一的考试让他们又回到了为考试而奔波的时代,特别是如今学分制的普遍流行,重修以及随之而来的重修费成为广大高职生谈虎色变的问题,学习好的学生要争取奖学金,要不断地赶超自我赶超别人,不断地给自己制定更高的要求,学习不怎么好的要为考试通过而拼搏要为60分而努力。

(三)就业压力

就业对高职生来说是一个很现实的问题。近些年一方面是高职的不断扩招扩建,一方面是企事业单位的不断精简缩员,下岗失业现象不断,去年还没找到工作的落难高职生急于赶上这趟原本拥挤的班车,今年成百万新毕业的高职生又一拥而入的涌进人才市场,旧问题没有解决新情况蜂拥而至,使得这个原本负荷重重的弹丸之地又要承受新的冲击,可没办法毕业了就得就业,用人单位不断抬高招聘要求又使得原本困难重重的高职生雪上加霜。所以每年的人才市场从来都是几家欢喜几家愁。

二、高职生压力的产生原因

高职生压力的产生与诸多因素相关。信息时代的社会竞争力日益加剧，当代高职生所面对的各种压力与挫折也逐渐增多。而且高职生正处于人生发展特殊又重要时期，一方面他们精力充沛，思想活跃，自我意识较强，发展欲望强烈，需求广泛而执着，个人的理想抱负水平普遍较高；另一方面他们的人格发展尚不成熟，社会阅历浅，应对压力与挫折的经验不足，在压力面前容易产生不良影响。高职生压力的产生大致分可为外部因素和内在因素。

（一）外部因素

1. 自然环境因素

自然灾害是客观存在的，不以个人的意志为主导，比如地震、台风、疾病、环境污染等。这些因素的出现，往往为高职生的学习、生活、目标达成带来困难，产生压力。

2. 社会环境因素

我国正处于一个急速变革的时期，价值观念、生活方式、精神信仰等方面发生着多元性的变化，这种深刻的社会变革在客观上对当代高职生的心理带来了深刻的影响。一是就业压力。近年来持续性的扩招给高职生们的就业造成不可忽视的影响，许多学生从一踏入高职就开始为将来的工作而焦虑。部分城市、岗位对学生就读学校、专业、工作经验等提高门槛，极易给高职生带来心理挫折感。二是社会的复杂化。当前社会是一个开放性社会，各种观念、各信息的并存让这个时代的人们的信念和价值观不再统一，这务必给成长中的高职生带来精神上的挑战。社会对高职生的评价与需求也发生着重要的变化，高职生已不是“天之骄子”，必须和其他同龄人一样为生存而奋斗，许多只会纸上谈兵的学生还不如技校的毕业生更受社会欢迎，这些反差很容易给高职生造成压力与挫折。三是网络的负面影响。

虽然为高职生带来了更多的资讯和便捷，但需要筛选的海量信息、虚拟空间的自我迷失等也为高职生带来了一定的负面影响，使高职生的发展面临着更加复杂多变的环境。四是社会不良风气的传播。过去高职是知识的殿堂，高职生们有着崇高的信念，这和社会对知识和高素质人才的敬仰有关，然而在这个信息飞速发展的物质社会，社会对金钱和权力的负面传播给高职生的身心造无形的负面渗透，让他们处在一方面努力学习，实现自我理想一方面又不得不面对残酷的社会现实，处在不稳定时期的高职生就很容易走偏，甚至走向极端。

3. 学校环境因素

从中学跨入高职，高职生一时难以顺利地实现角色转换。水土不服、饮食不习惯、集体生活不适应、理想与现实差距较大等，致使有的学生因为生活中遇到一点困难或不如意，便产生压力与挫折感，出现孤独、苦闷、烦恼、忧愁等不良心理反应。如每年新生入学后，都有一部分同学不能适应高职里“充足的自由时间”，缺乏独立自主的学习能力和习惯，不能及时调整自己的学习方式。而且，随着年级的升高逐渐感到学习持久紧张与竞争压力，很多同学心理压力增大，容易产生茫然、空虚、紧张、无力等精神压力。

学习压力在当今高职生所承受的各种心理压力中，是高于经济压力、人际关系压力、家庭压力、婚恋压力等诸多压力的，这表明高职生承受的学习压力是不可忽视的。许多教师在教学过程中发现在这些高职生当中，较普遍地存在着一定程度的学习心理障碍。很多学生感到学习任务繁重、时间紧迫，感觉自己的进步不如他人明显，对考试缺乏信心，对专业前途感到忧虑。

一所学校的环境设施是否先进、合理，能否满足高职生主动学习的需求；教学内容和管理方式是否科学，教学方法、教学手段是否与培养新型人才的要求相适应；校园文化是否和谐，教师能否做到言传身教，都会对高职生造成影响。

4. 家庭环境因素

原生家庭对一个人的影响是贯穿一生的，这是因为人们在很小的时候就受到父母无形的渗透，这些影响很可能在成年后才体现得淋漓尽致。家庭的自然结构、人际关系、教育方式、抚养方式、经济状况等对高职生的心理压力都有直接或间接不可忽视的影响。有研究表明，高职生的不少心理问题是与家庭生活的不良背景、早期不良家庭生活经历联系在一起的。自小娇生惯养和过分被保护、溺爱的孩子进入高职后，因为独立能力差，心理脆弱更容易产生心理问题。家庭贫困、双亲不和或单亲家庭的孩子，有些上高职后会表现出蛮横无理或做出一些违背社会规范的反常举动；有些人表现出内向、孤僻的性格，很少与人交往，这样的性格缺陷，让他们在面对生活和学习中的挫折的时候缺乏一个良好的性格基础，无论是自卑、自大还是偏激等特点在生活和学习上更容易产生心理压力。家庭的社会经济状况对高职生的心理也会产生潜在影响，贫困高职生面临着巨大的生活压力与经济压力，难免给心灵带来冲突，从而产生不同的心理压力。另外重大的家庭变故，比如突然失去亲人、父母婚姻破裂，突如其来的打击都会让高职生无所适从。

(二)内在因素

1. 性格的差异

同样一件事情不同的人可能会出现不同的态度，这和他们的个性差异有关系。乐观、从容、自信的生活态度就会给生活的诸多方面带来积极的影响；自卑、急躁、内向的性格可能就会在处理一些事情上产生麻烦。

2. 自我认知偏差

正确的自我认知是成熟人格的标志。高职生自我意识尚在发展过程中，心理尚未完全成熟，往往会出现自我认知的偏差。比如，自我贬损，自我夸大，自我冲突，自我迷茫，都是不正确的自我认知态度。高职生缺乏社会经验，往往不能正确地认识自我，当取得一点成功时，自我评价容易偏高；遭受挫折和失败时，又容易产生失败感和焦虑苦恼的情绪而低估自己，甚至自我怀疑与否定。如一位刚入学的高职生对自己提出很高的要求；要拿到特等奖学金、评上“三好学生”。然而因为不适应高职与中学在学习方法、评定标准上的差异，以为只要自己苦学就可以了，主观盲目的给自己制定过高的目标，很难实现，给自己造成了巨大的压力，甚至造成不良的心理影响。高职时期是自我认知发展的关键时期，高职生自我认知的发展水平直接影响生活和学习方式的选择以及个人将来的发展。只有真正深入地了解自我，能选择正确的人生方向，才能在个人生活和发展中取得成功。在校高职生如果能够进一步认识自我，挖掘长处，找不足，就可以更科学、理智的找到人生的方向。

3. 自我调适能力不足

心理学家皮亚杰认为，智慧的本质从生物学来讲是一种适应，既可以是一个过程也可以是一种状态。适应是个体环境的需要，积极主动地调整自己，从而达到一种良好的生存、发展状态，并保持与环境平衡的动态过程。人人都会有烦恼的时候，高职生也不例外，自卑、抑郁、焦虑、恐惧都是比较常见的情绪体验，关键是高职生还处在一个心智成熟还不稳定的状态，往往对自己的不良体验进行放大。失恋、考试不及格、同学关系不和、经济拮据，等等，都可能成为加剧他们压力的原因，这个时候，就容易钻牛角尖。其实重要的并不是烦恼本身，而是能否从烦恼中解脱出来。情绪健康的人并不是没有烦恼的人，他们能够把“我不要烦恼”的愿望转变为“我要快乐”的有效行动。高职生自我意识发展中出现的失误，或者说是心理还不成熟的表现，并不能看成是某个人固有的缺点，这是一种普遍、正常的行为，但是仍需要调整，只有认识到位，才有可能去面对它，正视它，解决它，达到自我真正的统一、强大、健康。所以面对自己的不良体验，高职生一定要有自我调适的意识，善于寻求帮助，正确地对待生活和学习中存在的每一份压力。

4. 缺乏人际交往能力

人际关系是指人与人之间通过直接或间接的相互作用而形成的情感联系。在客观上，构建和谐社会要求社会公民之间能够和谐相处；主观上，良好的人际关系也在一定程度上促进高职生自身的发展。高职生人际关系是他们在学习、工作、生活过程中所结成的一种人际关系。高职生正处于人生的重要发展时期，其主要活动都是在人际交往中进行与实现的，高职生对人际交往有着强烈的渴望和要求，人际交往以及人际关系如何不仅直接影响高职生的学习效率、生活质量和心理健康，而且直接影响其能否主动适应现代社会和取得事业的成功。

三、高职生压力的形成特点

(一)普遍性

当代高职生心智发展不够稳定,生活阅历相对简单,基本上没有走过曲折的道路,普遍缺乏生活的磨炼,自我调节能力与自我控制能力不是很强,在面对自我成长、情感与社会关系等人生问题时,容易感受到压力与挫折。高职生成长过程中普遍存在的冲突可概括为:“独立感与依赖感的冲突”“理想与现实的落差”“自豪与自卑的交织”“归属感与孤独感的交融”,这些都是高职生们经常会遇到的一些问题,因而在成长的道路上,会时常伴随着压力与挫折。

(二)个体性

不同的人对相同的压力和挫折事件会有不同的反应。担任班干部、参加一次考试,策划一场晚会,蹦极和攀岩……对一些人而言是非常愉快而有挑战的事情,但对另一些人来说却很有压力。也许你在看到一位同学在很短的时间完成了许多任务后,会情不自禁地说:“我真的不知道你是怎么完成所有这些工作的!”也许你不会明白为什么有人会对仅仅一次小小的失误耿耿于怀。

(三)两面性

压力和挫折既有消极面,也有积极面,过重的压力或者压力不足都会对高职生的身心健康造成消极影响,而且对学习、工作效率都起到负面影响。过重的压力会导致个体活动意志淡散,缺乏应有的行为能力,效率减低,而适度的压力是对提高学习,工作效率,维护身心健康具有积极作用,能够最大限度地激发个体在内的动力,使个体发挥出最佳状态。同样,挫折会给人以打击,给人带来烦恼和痛苦,但在带来失败的同时又磨炼了人的意志和性格,提高解决实际问题的能力,使人变得坚强。

(四)变化性

当一个人第一次尝试做一件事的时候,难免会有心理上的紧张,比如登台演出、第一次恋爱、第一次外出等,但当你重复做这些事,每次都积攒了丰富的经验,感觉会越来越轻松和自然。随着我们年龄的增长，压力感在不时地发生变化，正如个体之间存在的差异。同样，你所遇到的挫折只是代表在实现目标的过程遇到的一些障碍，并不意味着我们已经失败。挫折并非不可战胜，遭遇挫折后所产生的不良情绪只是暂时的，如果我们能及时进行自我调整，就可以重新树立信心，摆脱不良情绪的困扰。

（五）累积性

长期的压力和挫折会让人深感疲劳、不堪重负且心灰意冷。当遭遇一次挫败可能心理上会有个缓冲，但当同一问题连续出现，同样的压力不断侵袭，很可能就会产生突然性的爆发，导致身心失衡。例如学业压力，一次考试不理想可能比较容易接受，连续几次不理想很可能就会加大压力，甚至因为压力原因造成恶性循环。成长中的高职生应该正视每一次出现的心理压力，做到正确的认识，做到自我舒缓，以“借事练心”的态度来面对生活和学习上的一切挫折。

生活中的压力与挫折的来源是多方面的，且因人而异。因此，高职生应该围绕自身的压力来源和特点，积极探索压力的有效方式，不断增强自身抗成长能力。通过分析，及时找准自己存在的主要心理压力，然后有针对性地学习、努力提高，适时调整，从而达到比较良好的抗压力能力。

第三节　高职生压力管理的策略

生活中没有固定的模式可保证免受压力，但是有很多方法可以减轻压力。一个懂得如何管理生活压力的人，不会让自己被压力所摧垮，不会让自己深陷痛苦与不幸中，而是能够从容地面对生活中的种种变化，将压力巧妙地转化利用。因此，掌握好压力的遥控器，我们的高职生活就会收获更多的快乐和精彩。

一、压力管理内涵

压力管理并不是要消除所有的压力，是使用各种方法平衡要求与处理问题，将不良压力转化为良性压力，从而使自我身心放松，保持健康的生活状态。压力管理训练则是主要指采取一些方法来增强个体应对压力情景和由此引起的负面情绪的能力。

在远古时期,煤和钻石属于同一种物质,但经过上亿年的时光,它们却成了两种不同的物品。那么,是什么造成的呢?就是压力管理的作用。当然这里是指物理上的压力。由于所受的压力不同,同一种物质会进行不同的处理与加工,发生不同方向的转化,只能承受较小压力的物质变成了煤,而经受巨大压力的物质则变成了钻石。心理压力也如此,善于管理压力,将压力的效用最大化,我们就能成为一颗颗熠熠闪光的钻石。

二、压力管理的策略

(一)营造健康和谐的外部环境

帮助高职生减少压力的方法首先是改变产生压力的环境。在面对压力的时候人们大都会使用各种应对来为自己减压,其实最基本的策略就是直视问题,解决问题。改善压力环境的最佳途径是增加自身的“掌控感”,简而言之,人们只有在做一件事很有把握的时候,才不会感到恐惧。对于无法掌控的事情,往往就会产生压力。心理学家发现那些时常觉得对周围环境无法掌控的人比觉得自己有良好控制力的人更容易抑郁、低沉。所以,高职生要学会对自己的生活进行控制,与其焦虑,不如多花工夫将精力花来解决问题,尽可能地让自己做到胸有成竹,游刃有余。

外部环境包括社会环境、家庭环境和学校环境,尤其是学校环境最为重要。创设健康和谐的校园环境不仅可以发挥减压功能,潜移默化地优化学生的心理品质,同时也有利于学生素质的全面发展。第一,学校要优化整洁校园环境,营造绿色轻松的生活环境,提高硬件配套设施的有效利用率,增强学生的愉悦感,摆脱因环境和设施不良而造成的挤迫感。第二,学校应从不同年级、专业学生的兴趣爱好出发,针对不同类型的学生群体开展形式多样的文体活动和社会实践活动,吸引学生广泛参与。尤其要对新生入学教育引起重视,通过入学讲座、座谈等形式的活动帮助他们尽快熟悉校园环境,讲明高职与中学的不同,针对可能遇到的难题提出有效的方法和途径,让他们在丰富多彩的校园文化活动中尽快适应新环境。第三,努力创造和谐的学习生活氛围，教师为人师表，做高职生的良师益友，尤其是关心那些遇到心理危机的学生，做好心理疏导，及时解压。同学之间要在学习和生活上互相关爱，建立良好的同学关系。大力宣传和普及心理解压知识，帮助和引导学生正确认识和化解压力，促进高职生身心得到全面和谐的发展。

（二）树立正确的自我认知系统

大部分高职生对于压力的认知很不全面，他们多把压力等同于压力事件，很少意识到个体主观心理状态以及个体对压力事件的生理反应，并且没有主动意识到个体主观认知在压力的产生中起到的中介作用。只有当压力积累到一定程度时才会想着去应对。

因此，面对压力，学生首先需要保持良好的心态，去除非理性的想法。压力的感觉很大程度上取决于个人认知。如果自身内部思维对话是积极的，身心运转是良好的，就会客观地去看待和评价事情对自己的影响，从而寻找新的含义和积极的结果。其次，学会从个人宏观上有效控制压力源的产生和累积，以生涯发展理论统筹个人的高职生活和发展，把高职阶段专业学习、个人能力的提升、发展目标的实现等分解在高职不同的阶段，合理规划和安排高职生活。最后，要学会有效地减轻角色压力，要结合专业学习及今后发展，明确什么是自己想要的，什么工作是我能做、并且是自己擅长的，找准自己的位置，减少盲目参加社团和担任多项职务给自身带来的超负荷压力，避免角色模糊和角色冲突。与此同时，高职生应学会清理阶段任务，合理利用和管理自己的时间，懂得掌握事情的轻重缓急，避免过分执着的倾向，克服完美主义，懂得放弃一些诱惑和机会，减去自己不能承受之重，心态平和为人处世，回归个人最佳状态。

（三）完善社会支持系统

研究表明，丰富的应对资源，是个体积极健康应对的物质基础，一定程度的社会支持能提高个体有效应对的能力，从而减轻压力的不良影响。因此，帮助高职生学会发掘、利用身边的应对资源，建立健全和完善强有力的社会支持机制，是减轻高职生压力感的重要举措。

压力应对方式中,成熟型的应对方式包括解决问题、求助,个体在高压状态下,如果缺乏支持,心理损害危险会更高。对于高校而言,压力管理的核心就是减轻学生的压力和心理负担对学生的不良影响。学校在熟知学生压力来自何方时,要以管理的方式进行疏导,力求做到工作前移。高校应制定压力管理办法和建立管理的体系,并以学校心理咨询中心为核心,同时注重发挥系、班级的主体作用,构建校、系、班级参与的心理支持网络,给予高职生心理疏导和支持。建立了这样一个全方位的支持系统,当学生有内心的痛苦、烦恼和无助时,就能得以倾诉和释放,得到关怀和帮助,使学生把外力内化为自身的力量,战胜压力。在校、系、班级心理健康支持系统中,还应该对支撑这个系统的老师和同学进行一些疏解压力的技能和方法培训,使其掌握一些基本的心理学知识,较好发挥支持系统中每一环节的作用。

(四)教会学生各种放松技巧

放松是指身体或精神由紧张状态向松弛状态转向的过程。高职生在面临的压力不断增加时,学会放松、进行自我调节是减少或消除压力影响的最有效途径。保健专家们推荐了以下非竞技性的活动,来作为对付较高水平压力感的方法,例如增氧健身法、散步、慢跑、游泳、骑自行车等,这些形式的生理锻炼有助于增强心脏功能,降低心率,使人从高水平压力中解脱出来,并提供了用于发泄不良情绪的渠道。比较常用的放松方法有深度呼吸法、肌肉放松训练、静心放松、生物反馈、意象训练、听音乐等。无论采取哪一种自我放松的训练方法,最终目的都是为了使身心放松,减轻紧张感,使生理心理活动趋于平衡。

此外加强体育锻炼,增强自身免疫力,也是应对压力的重要途径。

第四节 高职生挫折心理调适

说到压力,人们经常联想到挫折,上面我们已经讲过,压力是一种心理状态,是由于心理能量和外界能量失衡时个体所感觉到一种体验。那么挫折是什么呢?挫折是一种社会情境,在实现目标行为过程中,由于个体能力与主观现实之间有所差距所产生的一种境况。可见,挫折重在强调目标和动机之间的关系。挫折会带来压力,过度的压力也容易让人产生挫败感。

一、挫折概述

(一)挫折的概念

在心理学中,挫折指一种情绪状态,是人们在某种动机的推动下,为实现某种目标而采取的行动遭遇到无法逾越的困难障碍时,所产生的一种紧张、消极的情绪反应和体验。如一位学习成绩优秀、才华出众的高职生,刻苦学习,准备报考理想中的高职去读本科,但是在临考前,一场大病却将他送进医院,使他无法进行盼望已久的专升本考试,这种打击使其痛苦、失望,久久不能平复。

挫折概念一般包括三个方面的要素:一是挫折情境,即人们在有目的的活动中,使需要不能获得满足的内外障碍或干扰的情境状态或情境条件,构成刺激情境的可能是人或物,也可能是各种自然、社会环境;二是挫折认知,即对挫折情境的知觉、认识和评价。挫折认知既可以是对实际遭遇到的挫折情境的认知,也可以是对想象中可能出现的挫折情境的认知。不同的人对相同的挫折情境所产生的主观心理压力也不尽相同,个人的认知结构也会影响其对挫折情境的知觉判断。三是挫折反应,即指主体伴随着挫折认知,对于自己的需要不能得到满足而产生的情绪和行为反应,如愤怒、紧张、焦躁、躲避或攻击等负面心理感受,即挫折感。其中,挫折认知是核心因素,挫折反应的性质及程度,主要取决于挫折认知。

一般来说,挫折情境越严重,挫折反应就会越强烈,反之,挫折反应就会较轻微。但如果个体主观上将严重的挫折情境认知和评价为不严重,其反应就会比较轻微;反之,如果将并不严重的挫折情境认知和评价为严重事件,那么也会引起强烈的情绪反应。

(二)挫折的反应

影响挫折反应的因素,大体上可以分为主体因素和客体因素或者内部因素与外部因素两大类。人们在日常的学习生活中,由于主客观条件各不一样,因此挫折反应也各不相同。人们的挫折反应在生理、情绪和行为三方面。需要强调的是，下面的心理与行为反应，有积极的也有消极的，是人们在生活经验中习得的结果，无所谓对错之分。

1. 生理反应

个体遭受挫折以后，机体内部的自我调节机制将会最大限度地调动机体的潜在能量，以有效地应对外界环境的变化。比如，受挫后交感神经系统的兴奋性会增强，消耗大量的能量，于是神经末梢释放生物信息，刺激心肌收缩力增强，以促进血液循环加快，血压升高；刺激呼吸加快，以保证氧气供应；刺激各种激素分泌增加，促进蛋白质、脂肪、糖原分解。

体内潜能大量消耗的同时，机体内部那些与情绪反应无直接联系的器官或系统则得不到必要的能量而不能维持正常功能，如消化道蠕动减慢、胃肠液分泌减少等。如果长期处于挫折情境而不得到消解，上述生理变化将会进一步增强，从而引起身心病变，出现皮肤和面色苍白、四肢发冷、心悸、气急、腹胀、尿少等一系列症状。

2. 心理反应

挫折情境中的心理反应包括情绪反应，以及较为复杂的防御性心理反应。

(1)愤怒和敌意。

如果受挫者意识到挫折情境来自人而不是自然因素，会产生愤怒和敌意的情绪体验。所谓“怒从心头起，恶向胆边生”，愤怒之后可能还会有进一步的极端行为反应。

(2)焦虑与担忧。

通常情况下我们不知道挫折的原因是什么，或者就是知道挫折来源于什么，但是我们却无法解决，这时我们往往会产生焦虑与担忧的情绪反应。焦虑是挫折后常见的一种心理反应。适度焦虑，如考试前适度紧张，对提高活动效率、发挥潜能有一定的积极作用。而过度的焦虑是有害的，严重的会导致心理疾病，发展成焦虑症。焦虑之外，往往还有对于事情进展能否顺利、目标能否达到的担忧。

(3)冷漠。

当人遇到挫折以后,表现出无动于衷、漠不关心的态度,好像没有什么情绪反应,这就是受挫后的冷漠反应。冷漠并非没有情绪反应,相反,是一种压抑极深的痛苦情绪反应。当个人面对亲人、朋友带给自己的伤害,或者面对无法摆脱的挫折情境时,通常会表现出冷漠的反应。

(4)压抑。

当我们无法对挫折情境表达我们的愤怒与不满的时候,需要暂时将消极情绪压抑起来。压抑并不意味着问题的解决,按照精神分析理论,被压抑的情绪进入潜意识,会通过其他途径变相表露出来。

(5)升华。

以积极的心态看待挫折,将挫折转化为一种激励的力量。所谓"屡战屡败,屡败屡战""遇挫越勇"就是在挫折面前自我激励的情绪状态。

(6)向下比较。

有时候当我们遇到挫折的时候,有必要和那些命运比我们更差的人去比较,以消除心里的愤怒不平的消极情绪,让自己心理获得一种平衡感。

3. 行为反应

人在挫折情境下除了有情绪反应之外,可能性还伴随着某种行为反应。

(1)报复与攻击。

对于人为造成的挫折,比如,他人的恶意阻挠,会激起当事人强烈的反应,可能会直接激发出报复和攻击行为。受网络暴力文化的影响,很多青少年面对挫折具有暴力倾向,比如,高职生犯罪。

(2)退行。

所谓退行,是指遇到挫折时,心理活动和反应退回到个体早期发展水平,以幼稚的、不成熟的方式应对当前情境。比如,高职生的活动计划如果受到家长或者老师的反对,可能就会采取赌气、咒骂、暴食、疯狂购物、砸物甚至出走等非积极、非成熟的方式去应对。

(3)习得性无助。

所谓习得性无助,是指个人在面对挫折情境,经多次尝试也无法避免失败的经验,使得个体在挫折面前完全失去任何意志努力现象。这是心理学家进行动物实验时发现的现象。在现实生活中,由于人们遭受多次挫折和打击,却不能克服苦难、战胜挫折,久而久之就会沮丧,从而倾向于放弃意志努力,听从命运摆布。

(4)补偿。

所谓补偿,是指一个因某方面的缺陷而无法达到期望的目标时,以其他方面的成功来弥补先前的遗憾与自卑的现象。例如,高职生因为家庭经济条件或者自身的相貌条件在恋爱问题上受挫,那么他就可以发奋学习,以学习的成功增加自己的自信心。

(5)幽默。

遇到挫折,以看似轻松发笑的语言对挫折的原因或者遭受挫折以后的后果进行解说,使人的心理紧张或愤怒感暂时消失的艺术,就是幽默。幽默反映个人看待挫折成败的一种超然心态和智慧。幽默搞笑日渐成为高职生释放学习挫折和压力的一种手段,反映中国高职生对当前教育体制环境的无奈和不满。

(6)宣泄。

宣泄是指采用道德法律许可的方式发泄心中的不满、愤怒等极端情绪,从而避免发生直接人际冲突和心理郁积的一种方式。常见的宣泄方式有在空旷空间大喊、跳舞、唱歌等。高职生遇到挫折很容易产生强烈的情绪反应,宣泄是一种很好的挫折应对方式。

(三)挫折对心理的影响

1. 挫折对高职生心理的积极影响

(1)挫折能增强高职生的情绪反应能力和解决实际问题能力。

挫折是一种内驱力,它能推动个体为实现目标而做出更大的努力,花费更多的精力。有人虽然屡遭挫折,但却百折不挠,越战越强。社会生活中有很多身处逆境但通过努力实现自己夙愿的佼佼者,他们的成功就是挫折这种内驱力驱动的结果。

当高职生面临困难或挫折的时候,强烈的刺激就会引起情绪激奋、精力集中,使整个神经系统兴奋水平提高,因而精神焕发,思维加快,情绪反应能力大大提高。同时,高职生可以从中学习到经验和方法,提高分析问题和解决问题的能力。

(2)挫折能增强个体的承受力。

个体对挫折的承受力的大小,与其过去生活中的挫折经验有关。当代高职生大多数是独生子女,从小备受父母呵护,成长的道路往往一帆风顺,对挫折的容忍力较弱,但是在生活中很多事情都是"吃一堑,长一智"。而且,挫折会对高职生的自傲心态进行无情的打击,逼着他们进行自我检讨,从而降低傲气,变得比较谦逊一些。所以,个体经受挫折的锻炼多了,对挫折的承受力就会增强。

(3)挫折能提高个体的认识水平。

个体面对挫折和失败,往往会总结经验,探究导致失败的原因,寻找摆脱困境的方法,吸取教训,改变策略,最终实现目标。挫折能使高职生不断提高对自我的认识,特别是对自我错误和缺点的认识,从而在思想上和行动上走向成熟,提高生活适应能力。许多高职生对社会、对自己有一些不切实际的想法,当他们用这些想法来指导自己的行动时,就容易出现挫折,挫折的产生,无疑使他们对自己做出一个合乎实际的评价。

2. 挫折对高职生心理的消极影响

(1)影响个体实现目标的积极性。

挫折使个体处于不安、烦恼等消极情绪中,过低估计自己的能力,过高估计各种苦难,信心不足,从而降低个体的抱负水平,影响积极性,难以达到预期的目标。一个经常遭受失败的高职生,自信心降低,学习效率也降低,很少能提出较高的目标,其抱负水平也会每况愈下,最后变得胸无大志,得过且过,无所作为。经常遭受挫折、失败,也容易产生"习得性无助"。"习得性无助"是指因为重复的失败或惩罚而造成的听任摆布的行为,是对现实的无望和无可奈何的心理、行为状态。

(2)降低个体的创造性思维活动的水平。

个体遭受挫折会引起情绪紧张、苦恼、失望等消极反应,如果是重大挫折,得到最佳发挥时,其创造性思维活动才得以展开。现代生理心理学的研究表明:在不良的情绪状态下，大脑会释放一种使人身心疲劳的有害物质，从而降低个体对问题的分析和解决。

(3)有损于身心健康。

个体遭受挫折，不能实现目标，会引起紧张、焦虑、矛盾冲突等心理状态。当情况严重得不到解决时，就会发展为应激状态。生理心理学研究表明：挫折所导致的应激状态对个体有威胁性的影响。个体因挫折而产生的消极情绪发展到应激状态是激发精神病的发病机制。近年来，病理心理学家和精神病学家在采用“应激”学说探索精神病的发病机制时发现，导致精神病的应激源来自躯体和心理，其中由各种各样社会心理因素造成的精神刺激是更为主要的原因。在社会生活中，人们由于长期心境不良而出现神经衰弱或其他神经症的，屡见不鲜。

(4)减弱自我控制能力，发生行为偏差。

因挫折而处于应激状态时，感情容易冲动，控制力差，往往不能约束自己行为的后果，以致言语偏激，甚至发生攻击行为，违反社会规范，严重的则会触犯刑律。比如，一位对爱情充满憧憬、热情开朗的高职生，屡次的恋爱失败使其个性产生变化，他的性格从热情变成了内向封闭。同时，由于受挫的高职生感情容易冲动，自控能力差，不能正确评价自己的行为及其后果，可能会做出违反社会规范的行为，如网上有新闻报道，高职女生频繁恋爱每次失恋后暴力自残，或是恋爱出现报复行为等。

总之，高职生要认识到，挫折是不依赖于人的意志为转移的客观存在。同时，也应该认识到，挫折是人生的一笔财富。为此，高职生在面对挫折时要尽量从积极意义方面来看待，充分发挥其积极影响，尽量减轻或避免其消极作用。

二、高职生的常见挫折

(一)挫折种类

人世间的挫折有无数种：无法拥有自己所爱、失去原来拥有的东西、需求和目标相差甚远等。挫折可从不同的角度进行分类，如按挫折的程度可将其分为一般性挫折和严重性挫折；按挫折的现实性可将其分为实质性挫折和想象性挫折；按挫折的原因可将其分为外部挫折和内部挫折等。但通常情况下，我们把挫折分为缺乏性挫折、损失性挫折、阻碍性挫折。

1. 缺乏性挫折

主要是指人们无法拥有自己认为非常重要的东西时所产生的心理挫折。由于缺乏物资、能力、经验、感情及生理条件等所产生的挫折都属于缺乏性挫折。如由于缺乏基本的生活费用而为衣食发愁；由于缺乏知心朋友而感到孤独；由于色盲而不能就读自己喜爱的美术专业等。

2. 损失性挫折

损失性挫折主要指失去了原来拥有的重要东西而引起的心理挫折。由于名誉、地位、财产的丧失及家庭解体、亲人亡故、恋人分手等所导致的挫折都属于损失性挫折。如有的同学在中学时是出类拔萃的“尖子生”，但进入高职以后，强手如林，失去学业上的优势，变成了现在的“一般生”，内心非常失落，这就是损失性挫折。

3. 阻碍性挫折

阻碍性挫折主要是指那些在需要和目标之间出现阻碍所导致的挫折。由于自然的障碍、人为的障碍、客观的障碍、想象的障碍所造成的挫折都属于阻碍性挫折，如想念亲人，但因路途遥远而不能相见；明明达到了本科录取分数线，却因为志愿填报不合理而被专科学校录取等。

（二）高职生活中常见的挫折

高职生在追求自我实现的过程中，困境、压力、挫折、失败在所难免。高职生经常遇到的挫折有学习性挫折、身心性挫折、发展性挫折、生活性挫折、人际性挫折等。

1. 学习性挫折

它是指高职生在学习过程中所遇到的挫折。进入高职后，学生随着自身知识结构的变化和生活环境的改变，心理上产生了大量的新的需要。他们敬佩有成就的专家教授，希望自己能博览群书，学业有成。但高职生在由中学向高职阶段的转变中，心理上短期内很难适应高职的教学模式和学习方法，导致学业成绩不太理想。当感到自己能力低，觉得理想与现实差距太大，对前途失去信心时，就会产生挫折感。

2. 身心性挫折

它是指个体因对自己身体的某些外在条件、人格特点及身心缺陷不能接受而产生的心理体验。相当多的学生对自己的身材、长相和性格不满意，尤其身材较矮的男生和长相较差的女生，由于过分在意身材和容貌，心理压力较大，自卑感很强，总感到自己不受人欢迎，长时间不能适应高职生活中频繁的人际交往，产生挫折感。

3. 发展性挫折

发展性挫折主要是指高职生在追求自我实现过程中所遇到的挫折。高职生追求美好的未来，渴望在学校演绎自己未来的人生，希望自己既能当好生活上的“导演”，也能当好高职舞台上的优秀“演员”，同时还能在校园里做一个称职的“观众”。然而，在这三种角色的转换中，他们往往难以做到“三位一体”，总是容易出现顾此失彼的局面。这一局面一旦驾驭不了，高职生的自我意识发展中存在的理想自我与现实自我、独立意向与依赖心理、自尊心与自卑感、情感与理智等就会发生心理冲突，影响对高职生活的正确认识，心理上产生强烈的挫折感。

4. 生活性挫折

生活性挫折主要是指高职生在追求生活时尚所遇到的挫折。受社会风气的影响，在高职生群体中，盲目追求高消费、赶时髦、比阔气的现象日显突出。手机、电脑、名牌服装等都会成为他们向同学炫耀的资本。但他们中有不少人来自偏远的农村或经济欠发达地区，家庭经济条件不很富裕，甚至需要贷款求学，与家庭经济条件好的同学相比，他们容易产生自卑心理，各方面的需求得不到满足，便导致挫折的产生。

5. 人际性挫折

人际性挫折包括人际交往受挫以及异性交往中的误区两种情况。人际交往是高职生活的重要方面之一,但是在现实的人际交往中,一些高职生可能会陷入以下的误区,如只注重自己的感受,不体谅别人的苦衷;既不愿意将自己的想法告诉别人,又希望别人能够了解自己;希望找到知心朋友,又不情愿把别人看作知心朋友。正是这种特殊的矛盾心理,使一些高职生不能顺利与别人交往,进而把自己封闭起来,产生孤独感。再者,高职生的性意识处于觉醒和发展阶段,他们强烈希望与异性接触,但又不知如何与异性建立良好的关系,加上不健康的恋爱观和社会多元价值观的影响,导致他们对异性交往缺乏正确认识,陷入异性交往的误区,处理不好爱情与友情的关系,产生严重的心理挫折。

三、挫折的心理调适与应对方法

(一)挫折的心理调适

如何提高高职生遭受挫折的心理承受能力,避免因挫折而带来的消极影响,减轻或消除心理压力,是对高职生进行挫折教育的一个核心问题。解决这个问题的途径有两方面:一是靠外界环境的教育和影响,一是靠高职生自身的自我调适。关于受挫个体的自我调适,应从如下几个方面来考虑。

1. 建设性调适

面对挫折,作为一名高职生,是在挫折中消沉、徘徊,还是在挫折中拼搏、奋进?答案当然是后者,问题是应怎样把握自己。首先,要对挫折有一个正确的认识。挫折是生活的组成部分,世界上的一切事物都是在曲折中不断发展前进的,人们也是在与挫折抗争中不断走向成熟的,因此,遭受挫折也是人生之必然。其次,有志向的高职生要在挫折中前进。当代高职生是一个具有高素质的特殊群体,是未来社会建设的栋梁之材,遇到挫折绝不应倒下,而要把痛苦化为一种具有建设性的动力,把精力和情感投入到学习、工作及社会公共事业之中,以对高目标的追求来化解内心的痛苦,从而使精神得到升华。

2. 替代性调适

逆境虽然为我们的发展设置了障碍,但它又是我们走向成熟的熔炉。当高职生个体受挫后,可以新的目标或活动取代原来的目标或活动,进而获得心理平衡,并在新的目标实现中体验人生价值和意义。首先,受挫个体要稳定情绪。根据巴甫洛夫的条件反射学说,人在发怒或发愁时,会在大脑皮层产生一个强烈的兴奋中心,这时,如果另找一些刺激,引起新的兴奋中心,便可以抵消或冲淡原来的兴奋中心。所以,受挫者要摆脱不良情绪的困扰和挫折情境的纠缠,最好暂时避开挫折情境,将注意力从引起不良情绪反应的刺激转移到其他事物或活动上。其次,在稳定情绪的基础上,受挫者要重新审定目标。如果企图达到某一目标的多次尝试都告失败,就要客观地分析一下所确定的目标是否符合客观要求,如果主观上不具备这种可能,就要扬长避短,改换目标,另谋出路。

3. 掩饰性调适

在生活中,每个人都不可能做得十全十美,总会有力所不及乃至失误、失败的时候,当个体遭受挫折后,为了维护自尊,避免难堪,减轻痛苦和焦虑,用幽默、风趣的语言或人人皆知的一些道理为自己找一个合理借口,可以把原来困难的情况转变一下,大事化小、小事化了,成功地适应窘境。在现实生活中,没有任何打击是我们所不能接受的,关键是受挫个体对这种打击的评价。在不幸成为现实之前,我们应尽力去避免它,既然灾难已经降临,就应勇敢地面对现实,敢于承认这种不幸的存在。为了事业的成功,不妨幽默一点,不妨运用一下狐狸的/酸葡萄心理,从而驱除生活中的不快,缓解矛盾和冲突,赢得他人的喜悦和依赖,建立起和谐的人际关系。

4. 宣泄性调适

对于正在忍受精神痛苦的人,适当地移位、迁怒或发泄,也可以使心中的紧张、烦闷、委屈、焦虑等情绪得到宣泄,缓解心理冲突,恢复心理平衡。宣泄是人摆脱恶劣心境的重要手段之一,它可以强化人们战胜困难的勇气和信心,但运用宣泄性调适,必须掌握一定的度,不应伤害他人,不能违反社会道德标准,不能给社会带来不良后果。

5. 暂时抽离性调适

当个体遭受到太大的挫折时,为解除内心的不安与焦虑,不妨用一下否定、幻想等方式，暂时回避一下所面临的挫折情境，经过一段时间之后，会恢复心理平静或消除心灵上的创伤。如当受到老师的批评后，不妨回到宿舍大哭一场，或蒙头大睡一觉；当考试不及格的时候，不妨转移一下注意力，像根本没有发生任何事情一样，等在新学期重新振奋精神，努力学习。当然，现实生活中的既成事实我们是无法否认的，掩耳盗铃只是一种自欺欺人的做法，但是我们却可借否认某个不幸事件的重要性来减轻痛苦。不过值得注意的是，逃避性调适是一种比较幼稚的行为，切不可过于频繁地把它作为精神支柱，因为它起到的作用是暂时的，若从长远看则是不可取的。

（二）挫折的应对方法

不同的人，在同一情境中受到相等强度的挫折时，会有不同的反应。这不仅因为个人经受挫折时的心理状态不同，对挫折的认知、态度、评价和理解不同，还在于他们应对挫折的行为、方法存在差异。高职生应对挫折的方法和策略很多，主要有以下几个方面。

1. 建立合理的自我归因

按照社会心理学归因理论，人对原因的归结可以分为外归因和内归因两种类型。倾向于外归因的人，认为自己的行为结果是受外部力量控制的，这种外部力量可以是运气、机会、命运、他人的权力、自然的力量等无法预料和支配的因素；倾向于内归因的人，认为自己的行为结果是受内部力量控制的，支配自己成功、失败和前途的原因是本身的能力和技能以及自己的努力程度等。

高职生首先要学会多方面收集关于事件的信息，了解困难的原因所在；其次要学会合理、正确的归因，避免归因的片面性，学会实事求是地承担责任，克服过分承担或完全推诿责任的倾向，避免过多自责带来的挫折感；再次，要积极采取措施主动改变挫折情境因素，从而有效应对挫折。例如，在学习过程中发现学习效率不高，通过原因分析之后，在解决内在问题的同时，可以尝试改变学习地点、学习时间，或改变学习科目的顺序、学习结构等，从而避免效率不高给自己带来的压力和困扰。

2. 善于调节自我抱负水平

自我抱负水平是指个人对未来可能达到的成功标准的心理需求，是指人们在从事某种实际活动之前，对自己所要达到目标规定的标准。一个抱负水平较高的人，往往对自己的要求也高，因而其学习、工作的效率也就高；一个抱负水平低的人，对自己的要求也就低，缺乏积极性、主动性，因而其学习、工作的效果也就较差。但是个人的自我抱负水平必须建立在对自己的实际能力正确认知的基础之上，如果一个人的自我抱水平总是高于自己的实际能力，那么就很难达到预期的目标，很容易遭受挫折。因此，高职生必须学会根据自己的实际能力设定目标，调整自我抱负水平，并在前进中及时调整自己的目标。

3. 增强挫折认知水平

心理研究表明，一个人越是能够获得与挫折事件相关的信息，就越能够有效地处理它。越是敢于面对挫折情境，就越能够有效地对付这种情境。既然挫折是生活的组成部分，是不可避免的人生经历，高职生应该正确地认识挫折、战胜挫折，并把挫折作为成功的阶梯。

正确认识挫折首先应该认识到挫折的两重性，即挫折一方面对人有消极的影响，另一方面，挫折也能增强个体情绪反应的力量，增强个体的容忍力，提高个体对挫折的认识水平。其次，高职生还应学会对客观事物、挫折情境进行正确认识。如有的学生因一次考试不及格就悲观失望，甚至自暴自弃，这是由于他的错误认知导致的。人生的道路总是崎岖不平的，丰富多彩的，一次失败并不能够代表他的全部，成功的机会很多，只要自己努力，就会有一个崭新的未来。

4. 建立和谐的人际关系，积极寻求社会支持

建立和谐的人际关系，建立由家人、朋友、同学、同事、网络、危机干预机构等共同构成的社会支持系统是培养和提高挫折应对能力的重要途径。心理学研究表明，一个人与他人一起处在挫折压力中时，可以降低消极情绪体验。因此，高职生在面对挫折时，除了积极改变自我之外，还应学会交往，与他人建立良好的人际关系。高职生应主动掌握交往技能，使自己与别人的交往得以顺利进行。

参考文献

[1] 蒋桂黎. 高职生心理健康教育[M]. 西安:西北大学出版社, 2019.

[2] 张海婷. 高职大学生心理健康教育[M]. 北京:北京理工大学出版社, 2020

[3] 朱智贤.心理学大辞典[M].北京:北京师范高职出版社,1989:618.

[4] 中央教育科学研究所.简明国际教育百科全书:人的发展[M].北京:教育科学出版社,1989:4-6.

[5] 张娜,胡永松. 高职学生心理健康与成长创新教程[M]. 北京:国家行政学院出版社, 2018.

[6] 李慧. 守护心灵 高职学生心理健康问题探析[M]. 北京:中国书籍出版社, 2019.